CARLO HUBER S.J.

« E QUESTO TUTTI CHIAMANO ›DIO‹ »

Analisi del linguaggio cristiano

EDITRICE PONTIFICIA UNIVERSITÀ GREGORIANA
ROMA 1993

IMPRIMI POTEST

Romae, die 8 ianuarii 1993

R. P. GIUSEPPE PITTAU, S.J.
Rector Universitatis

IMPRIMATUR

Dal Vicariato di Roma, 19 gennaio 1993

© 1993 - E.P.U.G. - ROMA

ISBN 88-7652-659-5

EDITRICE PONTIFICIA UNIVERSITÀ GREGORIANA
Piazza della Pilotta, 35 - 00187 Roma, Italia

ANALISI LOGICA E FENOMENOLOGIA DEL DISCORSO CRISTIANO SU DIO

PRESENTAZIONE

Non è facile trasformare l'insegnamento orale nel testo leggibile di un libro. Fare questo è anche rischioso, come sapeva già Platone: «Il testo scritto di un libro gira dappertutto... Non sa a chi rivolgersi e a chi piuttosto no. Avrebbe sempre bisogno dell'assistenza del suo autore, perché non sa difendersi e da solo non può aiutare se stesso»[1]. *Per «aiutare» questo mio testo racconterò dove e perché è nato.*

Sono ormai più di venti anni che insegno un corso «Analisi linguistica del linguaggio religioso» nella Pontificia Università Gregoriana a Roma. I miei studenti erano e tuttora sono studenti della Facoltà di Filosofia e dell'Istituto di Scienze Religiose, ma anche della Facoltà di Teologia e dell'Istituto di Comunicazione Sociale. La maggior parte di loro ha studiato o studia contemporaneamente teologia cattolica. Praticamente tutti provengono dall'ambiente ecclesiale. Provengono però da molti diversi paesi, lingue e culture. Molti di loro erano destinati all'insegnamento e di fatto insegnano adesso già da molti anni, però a livelli diversissimi: dall'insegnamento universitario fino alla scuola elementare. Il loro interesse nell'analisi filosofica del linguaggio religioso varia da quello filosofico speculativo e dall'altro teologico sistematico fino a quello pratico catechetico. Era però comune a tutti l'interesse prevalente per il modo specifico di come si parla su Dio nel contesto della fede cristiana, non tanto per un discorso generale sul linguaggio religioso.

Questo ha determinato non solo i limiti e le accentuazioni, l'organizzazione e l'ordine del corso ma anche gli esempi usati,

---

[1] PLATONE, Fedro 275e.

*dato che potevo presupporre nel mio uditorio una conoscenza
della fede e della prassi cattolica non solo vissuta, ma anche riflessa; conoscenza teologica da una parte, conoscenza catecheti-
co-pastorale dall'altra. Per tutto questo ho presto cambiato il ti-
tolo del corso che diventava quello del libro qui presentato:
«Analisi del linguaggio cristiano». Mi rendevo anche conto, che
bisognava inserire anche una fenomenologia del modo cristiano
di parlare di Dio. Restava però al centro della mia attenzione il
discorso veritativo su Dio, perché questo venticinque anni fa era
ancora sotto l'attacco tardo-neopositivista come lo è tuttora da
parte di una mentalità postmoderna. Intanto la validità della
preghiera e delle motivazioni di un comportamento etico religioso dipende dal significato di quello che si dice di Dio. Così si
spiega il sottotitolo esplicativo di questo libro: «Analisi logica e
fenomenologia del discorso cristiano su Dio».*

*Tutto questo si nota nel testo di questo libro e forse gli dà
un aspetto di superficialità e di «minestrone metodologico». Non
intendo scusarmi per questo. Ho tentato di dare a questo libro
una coerenza logica progressiva comprensibile, che si possa seguire, ma non intendevo essere completo. Molti problemi dell'a-
nalisi logica e della fenomenologia del linguaggio religioso non
ho toccato, ad altri ho solo accennato[2]. Volevo scrivere un libro
utile e perciò breve. Per la stessa ragione anche la bibliografia è
volutamente breve. D'altra parte ho inserito un certo numero di
accenni alla storia della filosofia e alla teologia, perché erano
utili ai miei studenti e spero che saranno utili anche a quelli che
useranno questo libro.*

*Questo libro contiene molte considerazioni psicologiche, pe-
dagogiche e catechetiche, anche diversificate secondo l'età e la
maturazione intellettuale e religiosa. Anche questo è una conseguenza dell'ambiente dell'insegnamento orale dal quale questo
libro è nato. C'è però una ragione più profonda. Non ho mai
considerato la filosofia e specialmente la logica una disciplina
puramente teorica, senza utilità pratica, pedagogica e — perché*

---

[2] Qualcuno di questi problemi ho trattato altrove. Cfr. la bibliografia
alla fine sotto: HUBER.

no? — catechetica. La mutua relazione fra filosofia e pedagogia è antichissima; anzi in Socrate segna la nascita di tutte e due. Io stesso ho trovato nel mio lavoro di pastorale giovanile nell'ambiente dello scoutismo italiano non solo un banco di prova per le mie riflessioni filosofiche ma anche delle sollecitazioni ed ispirazioni. Il linguaggio che vale la pena di studiare è sempre quello che si usa e che si capisce parlando con gli altri.

Per quest'ultimo aspetto di questo libro debbo ringraziare, oltre a tanti altri, in modo speciale i miei amici scout: dai lupetti fino ai capi nazionali.

Roma, 1.1.1993 Festa del nome di Gesù.

INTRODUZIONE

Questo che viene qua presentato è un libro di filosofia. In quanto tale si svolge in conformità al metodo filosofico dell'analisi logico linguistica e della fenomenologia che sono dei metodi filosofici. Ma questi metodi vengono qua adoperati per la disquisizione di un problema *teologico*: la significatività e la ragionevolezza di quello che i cristiani dicono di Dio.

Una tale impresa filosofica pone evidentemente dei problemi. La *problematica* di questa impresa filosofica si può riassumere con le seguenti domande.

Che capacità di comprensione ha la filosofia di un tema teologico, di un tema della rivelazione divina? Che competenza ha la filosofia sulla significatività e la ragionevolezza della fede e dell'argomentazione teologica? Sembra nessuna!

Ma affinché noi esseri umani possiamo capire, *cosa* Dio ha rivelato, anche se non nel senso di una interna e completa comprensione, la rivelazione divina deve avvenire e di fatto è avvenuta in *linguaggio umano*, e deve perciò essere analizzabile con i mezzi generali di una analisi linguistica e logica e anche con quelli di una fenomenologia dei contenuti della coscienza umana. Anche d'altra parte, l'oggetto materiale della filosofia è illimitato: tutta la realtà reale e possibile o come si dice anche l'«ens qua ens». Anche la logica può e·deve occuparsi di *ogni* tipo di argomentazione.

Perciò la filosofia può trattare anche un tema teologico. Infatti lo ha spesso fatto: basta pensare a Sant'Agostino, a San Tommaso d'Aquino e agli altri filosofi-teologi cristiani medievali, ma anche a Maimonide e i filosofi arabi medievali; per i tempi più recenti basta ricordare specialmente Hegel e nel nostro secolo Ricoeur, Levinas, Rosenzweig e tanti altri.

La filosofia può trattare un tema teologico però, a condizione che lo tratti come un dato come gli altri dati, non già come un dato rivelato di fede, cioè presupponendo la sua verità, ma d'altra parte rispettando la specificità di questo dato.

Intendiamo discutere la significatività e la ragionevolezza di quello che i cristiani dicono di Dio in senso *globale*. Bisogna però distinguere subito *due livelli* del discorso cristiano su Dio.

C'è da una parte un discorso cristiano su Dio *comune* umano che si trova almeno in qualche modo anche in altre religioni e come tale è stato trattato e elaborato *filosoficamente* già da Platone, Aristotele, Plotino ed altri. C'è però anche l'altra parte del discorso cristiano su Dio che nasce esclusivamente dalla *rivelazione*, quando si parla della Trinità, dell'Incarnazione ecc. Evidentemente queste due «parti» *non* possono essere adeguatamente *separate*. La ragione non è solo il fatto che la rivelazione ha continuamente influito anche sulla riflessione filosofica dei cristiani, ma ancora di più l'altro fatto che la competenza linguistica con la quale un cristiano credente parla su Dio è in concreto *unica*.

Proprio per questo secondo fatto l'*oggetto* della nostra indagine filosofica è il discorso cristiano *globale*, che è un dato specifico, storico, religioso, cristiano e in qualche modo già teologicamente elaborato.

Questo libro si articola in *tre parti*, per le quali ho scelto, con una certa libertà, le tre articolazioni della riflessione filosofica sul linguaggio.

La *prima parte*, dal primo al terzo capitolo, è una **semantica del linguaggio religioso**.

La *seconda parte*, dal quarto al sesto capitolo, tratta la **logica del discorso cristiano su Dio**.

La *terza e ultima parte*, il settimo e l'ottavo capitolo, vuol essere una **prammatica della fede**.

I *metodi filosofici* che useremo per l'analisi del linguaggio cristiano sono i seguenti: l'analisi logico linguistica e la riduzione fenomenologica. La prima rimanda a L. WITTGENSTEIN, la seconda a E. HUSSERL[1]. Nei primi cinque capitoli di questo libro prevale l'analisi logico-linguistica; nel sesto e settimo useremo di più la fenomenologia.

Ma prima di introdurre i metodi della nostra analisi, bisogna parlare dell'oggetto, cioè della *datità* filosofica del discorso cristiano su Dio.

---

[1] Nell'ultimo VIII capitolo: «La giustificazione del parlare di Dio in senso realistico», useremo anche elementi dell'analisi esistenziale («Damseinsanalyse») d'origine heideggeriana. Questo metodo però non sarà esposto in dettaglio nel II capitolo: I metodi filosofici della nostra discussione.

PRIMA PARTE

LA SEMANTICA
DEL LINGUAGGIO RELIGIOSO

Capitolo I

L'OGGETTO DELLA NOSTRA DISCUSSIONE: IL DISCORSO CRISTIANO SU DIO

Delimitazione negativa.

Del «*linguaggio religioso*» in genere non si può trattare, perché il linguaggio religioso non esiste se non in forma concreta e storica, cioè come linguaggio greco-pagano, buddista, islamico, ebraico o, nel nostro caso, come *linguaggio cristiano*. Il linguaggio religioso generale dei filosofi della religione può essere un'*astrazione* fatta sul materiale dei linguaggi religiosi concreti. Allora si pone la questione se quest'astrazione sia fatta a partire dai linguaggi di *tutte* le religioni o selezionando soltanto certe religioni secondo determinati criteri. Un'altra possibilità è che si costruisca un linguaggio religioso o pseudo-religioso *ideale* filosofico, di tipo umanistico, illuministico o idealistico, che possiede un certo numero di somiglianze con il linguaggio religioso concreto da cui storicamente dipende e che generalmente è il linguaggio religioso cristiano. Qualche volta viene chiamato «linguaggio religioso» anche il *meta-linguaggio*, nel quale si parla sui vari linguaggi religiosi concreti[1].

In questo libro *non* si tratta *né* delle varie forme esistenti o storiche del linguaggio religioso: israelitico, buddista, greco-pagano ecc., *né* del linguaggio religioso in genere, *ma* della specifica forma storica del linguaggio religioso, quale lo parlano i cristiani.

---

[1] Questo vale anche per la fenomenologia della religione, che *non* tratta il linguaggio, ma il *fenomeno* religioso.

Per linguaggio cristiano qui si intende prevalentemente il linguaggio religioso parlato dai *cattolici praticanti*[2]. Con questo *non* vogliamo escludere il modo di usare il linguaggio in contesto di fede cristiano praticato da altre confessioni o denominazioni cristiane, per esempio quello dei protestanti luterani. Fra il loro linguaggio e quello dei cattolici ci sono interessanti differenze di stile, di argomentazione e di legami storico-culturali; anche se tali differenze dal punto di vista logico e strutturale sono minime rispetto alle differenze che intercorrono fra il linguaggio religioso cristiano e i linguaggi religiosi non-cristiani. Tuttavia ci sono anche queste differenze.

Determinazione positiva della datità filosofica del linguaggio religioso cristiano.

Il discorso cristiano su Dio, cioè il linguaggio religioso-cristiano consiste in quello che i cristiani dicono istituzionalmente ma di fatto su Dio.

Non vogliamo dedurre a priori, né filosoficamente, né teologicamente, cos'è il linguaggio religioso o quale sia la sua essenza. Non vogliamo darne neppure una definizione. Non diciamo: «Il linguaggio religioso *deve* essere così! *Dovete* parlare così!» Vogliamo *soltanto* vedere come gli uomini, in concreto i cristiani usano il linguaggio nel contesto della loro fede, cioè quando praticano la loro religione.

Questo non esclude evidentemente una *normatività* delle «regole» di un linguaggio religioso concreto, specialmente del linguaggio religioso cristiano, una normatività che d'altronde è essenziale per *ogni* linguaggio.

Ci chiediamo perciò: cos'è un uso religioso del linguaggio? Cos'è una pratica religiosa? Cos'è un contesto religioso?

---

[2] Che siano i «cattolici praticanti», cioè quelli che «vanno regolarmente a messa», pregano regolarmente e approfondiscono in un certo modo la loro fede, è importante, perché essere battezzati ed avere usufruito nell'infanzia del catechismo già non garantisce una competenza linguistica del linguaggio cristiano, anzi, senza la pratica continuata, spesso produce delle deformazioni linguistiche.

Lo chiediamo agli stessi uomini, nel nostro caso, ai cristiani: Come usano la parola «religione», la parola «fede» o altre parole che ad essa si riferiscono? Cos'è, *per loro*, una situazione, un contesto, una pratica religiosa?

Quando un cristiano parla, *non* sempre usa il linguaggio della sua fede; anche se forse dice che tutta la sua vita è, o dovrebbe essere vita di fede, vita di testimonianza di fede ecc. Questo *linguisticamente non* appare continuamente, neppure nel suo comportamento. Ne consegue che queste e simili espressioni sono da usarsi con cautela, perché hanno necessariamente un significato *speciale!*

Può anche essere vero che il linguaggio quotidiano di un cristiano è più o meno colorato dal suo essere cristiano. Questo necessariamente si verifica in una situazione socio-culturale determinata da una storia cristiana.

Ciò nonostante non tutto il discorso quotidiano sarà da qualificare come un discorso religioso, come mostrano tantissimi esempi. Specialmente i linguaggi tecnici, che in certi casi usa anche un cristiano, sono senz'altro esenti anche da queste sfumature religiose. Infatti è del tutto illegittimo introdurre elementi di religione in un discorso strettamente scientifico, tecnico o simile, anche se ci sono dei casi intermedi. Un uomo, però, che sempre dà una sfumatura religiosa al suo discorso quotidiano è generalmente considerato un tipo strano, bigotto, noioso e forse fanatico.

È facile indicare un certo numero di *casi tipici dell'uso religioso* del linguaggio da parte di un cristiano: predicare e ascoltare la predica, fare la professione di fede, partecipare alla liturgia, pregare pubblicamente con altri o privatamente, ad alta voce o in silenzio; insegnare la religione e seguire questo insegnamento, parlare della fede e discuterla con altri, anche con non credenti, studiare e insegnare teologia ecc. ecc.[3].

---

[3] Cfr. HUBER, CARLO, S.J., *We Can Still Speak about God*, in *Gregorianum* 49 (1968) 4 p. 677.

È facile indicare anche un certo numero di *casi*, che *nessun* cristiano spontaneamente classificherebbe come un uso religioso del linguaggio, come una pratica della sua fede, come una situazione religiosa o cose del genere: fare i conti, studiare matematica, chiedere l'ora e dirla, giocare a pallone ecc. ecc. Tuttavia ci sono anche dei casi *intermedi*. Ci sono delle espressioni di origine cristiana, ma ormai entrate nel bagaglio linguistico-culturale e usate spesso senza pensarci oppure senza saperlo: nomi locali (p. e. San Francisco), nomi di persone e di cose (molti nomi personali presi dai santi, certi cognomi (Dal Prete ecc.), Piazza San Silvestro, cappella ecc.), ma anche dei saluti (addio), degli auguri e delle bestemmie.

La ragione dell'esistenza dei casi intermedi, come generalmente per molti significati linguistici, sta nel fatto che i *limiti* dei diversi giochi linguistici *non* son fissi, ma dipendono anch'essi dall'*uso*. Anche le parole «religione», «fede» e simili, come la maggior parte delle parole, non hanno un significato unico e fisso, ma il loro uso gode di una indeterminatezza marginale. Così anche il significato di «religione», «fede», «cristiano», «linguaggio», «linguaggio religioso», «discorso cristiano» ecc.[4], è da determinare dall'*uso* istituzionale di queste parole in una lingua[5], non per mezzo di una definizione essenziale.

Perciò possiamo anche trascurare per il momento se e fino a che punto la parola «religione» sia applicabile al Confucianismo, al Buddismo, ad una religiosità puramente interiore e privata, ad una convinzione dell'esistenza di Dio puramente filosofica, cioè alla cosidetta «religione naturale», a delle ideologie umanitarie e socialiste ecc.[6]. In effetti, sarà da dire che i loro rispettivi linguaggi hanno delle somiglianze tra loro e con i linguaggi, che sono usati nel contesto delle grandi religioni,

---

[4] Vedi sotto nel terzo capitolo.
[5] Cfr. L. WITTGENSTEIN, *Ricerche Filosofiche* (PU) n. 43.
[6] Si ricorda la «religion de la raison» della Rivoluzione Francese, della «religione positiva» di Comte e del «Positives Christentum» di Hitler e Rosenberg.

anche con il linguaggio cristiano. Ma ci sono anche delle notevoli differenze[7].

Tutto questo è sufficiente per dire: per un'analisi del discorso cristiano su Dio non serve a niente cercare l'essenza della religione.

La datità del comportamento linguistico religioso dei cristiani.

Ogni metodo, ogni riflessione, ogni tipo di indagine filosofica ha bisogno di un *dato*, al quale viene applicato. Nel nostro caso specifico il dato da analizzare consiste nella realtà socio-culturale storica del comportamento linguistico religioso dei cristiani, cioè nel linguaggio di fatto usato e parlato dai cristiani nel contesto della loro fede. Questo comportamento è descrivibile e analizzabile non solo dalla sociologia ma anche dalla filosofia, cioè dalla logica, dalla fenomenologia e dall'analisi esistenziale.

Si pone però una questione preliminare. *Chi* parla il linguaggio religioso-cristiano? *Chi* sono i cristiani/cattolici? Anche questa questione è da trattare nello stesso modo come la precedente: cos'è la religione? Cioè, *come si usano* le parole «cristiano» e «cattolico» nella nostra lingua?

Normalmente è *chiaro* che uno è un cristiano, quando agisce e parla come tale. È pure evidente che l'*estensione* dei termini «religioso», «cristiano», «cattolico» si restringe gradualmente. Sembra pure evidente, che non si possa legittimamente usare il termine «cristiano» senza un riferimento storico a Cristo. Il termine «cattolico» poi è un nome usato oggi[8] quasi esclusivamente per il gruppo organizzato e istituzionale dei credenti cristiani che si chiama «Chiesa Cattolica». Sembra legittimo che questo gruppo possa dire normativamente: un tale ha o non ha il diritto di chiamarsi «cattolico»; una dottrina o un comportamento è cattolico o non lo è.

---

[7] Ne parleremo nel terzo capitolo.

[8] Originariamente e fino alla «riforma protestante» il termine «cattolico» significava semplicemente «universale».

Anche qui ci sono delle *incertezze* marginali. Se un «cristianesimo senza religione», una «fede atea in Gesù», un «cattolicesimo senza strutture di potere» ecc.[9] siano ancora da chiamare «cristiano» o «cattolico», è una questione di uso linguistico e perciò una questione di convenienza, quindi spesso una questione pedagogica, polemica e «politica» di non poca importanza.

Con ciò è chiaro che il dato del discorso cristiano su Dio che sottoponiamo all'analisi linguistica è un dato *positivo, storico, sociale-comunitario, istituzionale* e, in qualche modo, *sovrannaturale.*

Il discorso cristiano su Dio è un dato positivo.

Il materiale di ogni riflessione filosofica *precede* sempre la stessa riflessione filosofica, anche già all'analisi. Se non mi è *dato* niente, non ho nulla da analizzare, nulla su cui riflettere, nulla da ordinare, organizzare e sistemare. Il dato della riflessione filosofica come tale *non* è un prodotto della stessa filosofia. In questo senso, la filosofia — di qualsiasi indirizzo sia — comincisa *necessariamente a posteriori*. Per questa ragione la filosofia viene chiamata «*scientia* **vespertina**».

Il discorso cristiano su Dio è un dato storico.

Una lingua, un linguaggio — nel nostro caso il linguaggio religioso/cristiano/cattolico — è una realtà che è nata e si è sviluppata *storicamente. Non* si è sviluppata secondo *regole* logiche, né secondo un piano concepito a priori, neppure nella «mente divina»[10].

Per un'analisi filosofica dobbiamo accettare il linguaggio cristiano-cattolico nella sua concretezza *accidentale* e storica.

---

[9] Cfr. HUBER, CARLO, S.J., *Cristianesimo senza Dio*; in: *Cristiano oggi*; ed. Paoline, Roma 1977, pp. 91-118 e GIACHI, QUALBERTO, S.J., *Gesù sì, Chiesa no?* id. pp. 119-153.

[10] Attenzione: La mente divina *non* è un computer o un supercervello elettronico!

Avrebbe potuto forse essere diverso, ma di fatto è così. Questo linguaggio realmente esistente è l'unico linguaggio che ci interessa, perché è l'unico che ci è *dato*. Può darsi che in futuro si svilupperà in una direzione o in un'altra. Dato che la sua esistenza è un'esistenza storico-contingente, questo è sempre possibile [11], ma a noi è dato nel modo in cui si è sviluppato di fatto fino ad oggi. Quello che sarà domani *non* mi è (ancora) dato, e quindi non posso analizzarlo.

Per l'analisi di un linguaggio, specialmente di quello religioso-cristiano, si deve però prendere in considerazione il modo in cui è *nato* e come storicamente si è *sviluppato*. Occorre tuttavia notare che il significato di una espressione linguistica *non* consiste nella sua origine, né nel suo sviluppo, nella sua storia o nella sua etimologia, ma nel suo *uso attuale*. D'altra parte, la storia di una espressione linguistica può aiutare a comprendere il suo uso attuale.

Per quanto riguarda il linguaggio religioso-cristiano in particolare, è importante tenere presente che, nella sua autocomprensione, esso ha un'origine, in un certo senso, normativa nel linguaggio biblico della Sacra Scrittura dell'Antico e, ancora di più, del Nuovo Testamento [12].

Un altro punto importante nel contesto della datità storica del linguaggio cristiano-cattolico è il seguente: la verità *normativa* dei dogmi della fede è da comprendere secondo il significato, cioè secondo l'*uso* linguistico *storico* del tempo in cui il rispettivo dogma fu formulato.

Il discorso cristiano su Dio è un dato sociale-comunitario.

Nessuna lingua, nessun linguaggio, nessun modo di parlare è puramente personale. L'*uso* di un'espressione linguistica, che ne determina il significato, è l'*uso nella lingua* [13]: cioè come

---

[11] Sui limiti specifici della possibilità di sviluppo e di cambiamento del linguaggio cristiano-cattolico vedi: C. HUBER, *Critica del sapere* 8.313, p. 155s.

[12] Cfr. C. HUBER, *Problemi linguistici e la loro implicanza nella catechesi*; in *Via, Verità e Vita*; Rivista di pastorale catechistica, 67, p. 30s.

[13] Cfr. WITTGENSTEIN, PU 43.

una espressione *è usata, **non*** come la uso *io*. Ciò vale non solo
per una lingua naturale, ma anche per ogni tipo di linguaggio;
p.e. per la terminologia della fisica, della matematica, della
medicina, della logica e della filosofia stessa ecc.

I linguaggi religioso/cristiano/cattolico sono dei linguaggi
specialmente determinati dalla loro storia, in quanto, *primo*,
non esiste per il loro significato la possibilità di *indicare* gli oggetti dei quali parlano, p.e. di Dio, della grazia ecc.; *secondo*
perché i cristiani, e ancora più i cattolici, che parlano il loro rispettivo linguaggio religioso, si comprendono come una comunità, come «la chiesa». Il che vuol dire: si comprendono tra loro *in quanto* praticano la loro religione e parlano il rispettivo
linguaggio religioso.

Il discorso cristiano su Dio è un dato istituzionale.

Questo punto vuole soltanto accentuare il punto precedente[14]. Le varie lingue e ancora di più i vari linguaggi nella
loro esistenza diversificata storica, culturale e sociale, sono
una realtà che *istituzionalmente **precede*** l'uso attuale che l'individuo ne fa parlando. Infatti, ogni singolo individuo non si
crea la sua lingua o i suoi vari linguaggi, ma li apprende, perché sono già parlati. Il singolo individuo apprende la sua lingua madre, ma anche i linguaggi speciali — p.e. il linguaggio
religioso-cristiano-cattolico in un processo di socializzazione
linguistica. Queste lingue, questi linguaggi, questo linguaggio
già esiste, cioè è già parlato. Il singolo essere umano *apprende*
questo linguaggio esattamente nel modo nel quale è già parlato. Soltanto in seguito può farne — di *questo linguaggio appreso* — un suo uso personale, dato che il parlare umano e ogni
lingua umana è fondamentalmente, aperta e «elastica».

L'uomo non può parlare se non usando le lingue ed i linguaggi attualmente esistenti e nel modo in cui esse sono istituzionalmente usate. Il che significa: l'uomo non può parlare,
dando un senso a quel che dice, in modo che non soltanto altri

---

[14] Cfr. però: C. Huber, *Critica del sapere* 8.3, pp. 153-159.

lo possano capire, ma perfino *lui stesso* possa sapere quello che dice, se non usando il linguaggio secondo le rispettive *regole comuni*.

Ciascuno può senz'altro parlare in modo *personale*, con un suo stile personale e perfino inventare nuove parole. Ma questo «parlare in modo personale» è possibile soltanto *in dipendenza* da un linguaggio istituzionale già esistente. «Parlare in modo personale» è qualcosa che si deve *apprendere* nell'uso di una lingua.

È chiaro però che il linguaggio non è una realtà immutabile. Il linguaggio cambia, si sviluppa e si trasforma. Sono gli stessi uomini a cambiarlo, ma non è mai l'uomo singolo, separato da tutti gli altri, dalla comunità linguistica che potrebbe introdurre un cambiamento linguistico. Inoltre anche lo sviluppo linguistico avviene secondo regole.

Il discorso cristiano su Dio è un dato «sovrannaturale» [15].

Per un cristiano, il linguaggio religioso-cristiano non ha solo un'origine storica, ma questa origine storica è determinata da un intervento *specifico* di Dio, che è la «causa principale» della Sacra Scrittura. Certamente l'aspetto biblico e perciò «sovrannaturale» del linguaggio cristiano riguarda il suo *contenuto*, non tanto la sua espressione, cioè la sua semantica, e neanche la sua logica; ma anche qui non è possibile distinguere adeguatamente i due aspetti [14].

Applicandoci filosoficamente da una parte ad un dato teologicamente considerato sovrannaturale non commettiamo una trasgressione metodologica. Il dato da analizzare con qualsiasi metodo filosofico normalmente non è un dato esso stesso filosofico. D'altra parte non presupponiamo che il linguaggio cristiano sia di fatto un dato sovrannaturale, né che

---

[15] Il termine «sovrannaturale» qui evidentemente non è inteso né in senso miracoloso, né in un senso specifico di una delle tante teorie teologiche del «sovrannaturale!».

[16] Vedi sopra nell'Introduzione.

quello che i cristiani dicono su Dio sia *vero*, né pretendiamo di *dimostrarlo*. Dobbiamo però prendere in considerazione come fatto, che i cristiani considerano quello che dicono su Dio *come vero*, perché questo fa parte del dato, cioè del significato di quello che dicono.

CAPITOLO II

I METODI FILOSOFICI
DELLA NOSTRA DISCUSSIONE

ANALISI LOGICA E RIDUZIONE FENOMENOLOGICA

All'oggetto della nostra discussione, cioè al discorso cristiano su Dio, come lo abbiamo determinato nel capitolo precedente, applicheremo prevalentemente due metodi filosofici[1]: quello dell'analisi linguistica delle Ricerche Filosofiche di Ludwig Wittgenstein e quello della fenomenologia di Edmund Husserl. Ma data la complessità di questi due metodi bisogna prima spiegare questi metodi stessi e indicare insieme con le loro potenzialità e limiti la loro utilità specifica per l'analisi del discorso cristiano su Dio.

A. L'ANALISI LOGICA DEL LINGUAGGIO
(WITTGENSTEIN 1889-1951).

L'importanza di Wittgenstein per la filosofia contemporanea.

Parlare di Wittgenstein e della sua filosofia significa parlare di linguaggio, di filosofia del linguaggio e specificamente dell'analisi linguistica, cioè di una corrente filosofica che ha profondamente condizionato la filosofia attuale. D'altra parte, parlare dell'Analisi Linguistica come metodo filosofico, significa parlare prevalentemente di Ludwig Wittgenstein. Certo, anche oggi, non tutti i filosofi che adoperano l'analisi linguistica seguono Wittgenstein strettamente. Un simile atteggiamento sarebbe pure difficile data la elasticità e il carattere non-sistematico del secondo periodo della filosofia di Wittgenstein. Ma

---

[1] Sulla problematica dell'applicazione di metodi filosofici ad un'oggetto teologico abbiamo parlato sopra nell'Introduzione.

tutti i filosofi che dicono di fare analisi linguistica hanno subito l'influsso di Wittgenstein: il Circolo di Vienna ed il Neopositivismo in genere si ispirano al Tractatus Logico-Philosophicus. La «Common Language Philosophy» di Ryle, Austin
ecc. degli anni 1930-1940 fu almeno stimolata dai manoscritti
degli studenti che circolarono fra Oxford e Cambridge, specialmente dal «Blue Book» e dal «Brown Book». Tutta l'attuale ricerca e le pubblicazioni nel campo dell'analisi linguistica
stanno sotto l'influsso delle Ricerche Filosofiche.

Il metodo dell'analisi logico-linguistica
delle Ricerche Filosofiche.

Il metodo analitico delle Ricerche Filosofiche del Wittgenstein, come si vedrà, non fa parte di un sistema filosofico,
anzi questo metodo è spiccatamente *antisistematico.* In più
questo metodo è anche molto complesso, come pure si vedrà.
Già in generale non si apprende un metodo se non applicando-
lo, non in unico campo ma in campi svariati. Questo vale in
maniera quasi estrema per il metodo analitico delle Ricerche
Filosofiche.

Dato che in questo libro il metodo analitico delle Ricerche Filosofiche sarà usato molto[2] per la nostra analisi del modo in cui i cristiani parlano di Dio, è indispensabile esporlo abbastanza in dettaglio. Questo ci obbliga anche ad esporre, sia
pure brevemente, la filosofia *sistematica* del primo periodo del
Wittgenstein, cioè quella del Tractatus logico-philosophicus.

L'ontologia atomistica del Tractatus logico-philosophicus.

Introduzione

Non si possono capire le Ricerche Filosofiche e tutti gli
scritti filosofici posteriori di Wittgenstein, pubblicati postumi
dagli esecutori del suo testamento, senza un'approfondita conoscenza del Tractatus. C'è non solo una certa continuità fra il

---

[2] Infatti l'abbiamo già usato nel primo capitolo!

Tractatus e le Ricerche Filosofiche, ma, e questo è più importante, le opinioni discusse, attaccate e rifiutate nelle Ricerche Filosofiche sono, oltre a certune di Russell e qualcuna di James e di Moore, proprio quelle di Wittgenstein stesso nel Tractatus[3].

Il contenuto, la struttura e l'argomentazione del Tractatus

Per capire l'argomentazione del Tractatus nella sua specificità bisogna avere bene presente il contenuto e la struttura di questa opera[4]. Bisogna leggere il Tractatus a partire dall'affer-

---

[3] Cfr. PU introd. e n. 46.
[4] Il Tractatus è strutturato col sistema decimale da 1.*** a 7.:

1.	Il *mondo* è l'insieme dei fatti.
2.	I fatti ultimi dei quali il mondo è costituito sono dei *fatti atomici*, cioè delle combinazioni di oggetti semplici.
2.0	Gli *oggetti*.
2.1	«Noi ci facciamo *immagini* dei fatti».
2.2	L'immagine *logica*.
3.	L'immagine logica di un fatto è il *pensiero*.
3.1	Nella proposizione il pensiero si esprime in modo *sensibile*.
3.2	Nella proposizione il pensiero come immagine di un fatto è espresso in tal modo che agli elementi del fatto corrispondono gli elementi della proposizione, cioè i *nomi*.
3.3	Soltanto la proposizione ha un senso. I nomi hanno un significato soltanto all'*interno di una proposizione*.
4.00	L'*insieme* delle proposizioni è il linguaggio.
4.0	La proposizione è una *immagine della realtà*.
4.1	La proposizione rappresenta l'*esistenza* e la *non-esistenza dei fatti*. La *scienza è l'insieme* delle proposizioni vere. Le *relazioni interne* fra gli oggetti non si dicono ma si mostrano.
4.2	Sulle *proposizioni elementari*.
4.3 – 4.5	Le *funzioni di verità*.
5.	Elaborazione dettagliata della *logica estensionale*.
5.6	I *limiti* del linguaggio: Il soggetto e tutto *quello che si mostra*.
6.0	I *numeri*.
6.1	La logica è *tautologica*.
6.2	La *matematica*.
6.3	La *necessità* e la causalità.
6.4	Il *senso del mondo* e l'etica.
6.5	L'*enigma* non esiste.
7.	«Su quello di cui non si può parlare si deve mantenere il silenzio».

mazione di Wittgenstein nella sua prefazione: «Quello che si
può dire, si può dire chiaramente». Detto in altre parole: il
Tractatus presuppone come evidente, che il linguaggio umano
è significativo. La tesi fondamentale del Tractatus è poi la seguente: una proposizione è significativa *soltanto* se il suo significato è *pienamente determinato*. Questo vuol dire che bisogna
leggere il Tractatus a *partire* dal *numero 3!* Tutto quello che lo
segue e che lo precede, sono delle *presupposizioni*, che si debbono *necessariamente* fare per garantire alle proposizioni un
significato determinato. Queste condizioni necessarie per la
possibilità[5] del significato determinato delle proposizioni sono
le seguenti:

a. Il fondamento del linguaggio sono le *proposizioni
atomiche*, indipendenti fra di loro e collegate soltanto per delle
relazioni esterne in una *logica estensionale*.

b. Presupponendo una interpretazione realistica del linguaggio[6] il linguaggio ha una *funzione raffigurativa* rispetto alla realtà: la proposizione deve essere un'*immagine* di un fatto.

c. Per garantire alle proposizioni atomiche, cioè al fondamento della significatività del linguaggio, la funzione raffigurativa, la realtà deve essere composta da *fatti atomici*, che
sono delle connessioni di *oggetti semplici*. In altri termini: bisogna presupporre una *ontologia atomistica*.

Si noti bene che Wittgenstein non dà mai un esempio di
una proposizione o di un fatto atomico: Essi non sono empiri-
camente dati, ma sono una «condizione trascendentale» della
possibilità di fare delle proposizioni significative! Essi fanno
parte di quello che **non si può dire ma che si mostra.**

*La dottrina di quello del quale non si può parlare ma che si
mostra* è essenziale per il Tractatus. Quello che si mostra comprende non solo il famoso «mistico» (6.522), il valore e l'etica

---

[5] L'espressione in termini kantiani è voluta e sarà immediatamente giu-
stificata.

[6] Questa presupposizione realistica è tipica non solo per il Tractatus ma
anche per MOORE e RUSSELL.

(6.43s.), il soggetto trascendentale (5.62-5.641), ma anche tutta la struttura elementare della realtà e dello stesso linguaggio (3.22-3.23, 3.262), la struttura dell'immagine e della proposizione, la forma della raffigurazione, la forma logica (4.022, 4.121), le relazioni interne e formali ed i concetti formali (4.122-4.126) ecc. e perfino il significato e la verità della singola immagine, rispettivamente della singola proposizione, e la stessa esistenza delle proposizioni elementari (5.5562-5.5571).

La divisione fra ciò *di cui si può parlare*, che si può dire, e quello del quale non si può parlare ma *che si mostra*, riprende un tema centrale della filosofia *trascendentale*. Essa *coincide* con la divisione kantiana fra l'*oggetto di intelligenza* («Gegenstand der Verstandeserkenntnis), cioè l'ambito della ragione *teoretica* da una parte, e le *idee della ragione*, cioè l'ambito della ragione *pratica* dàll'altra parte. Nel Tractatus quest'ultima parte comprende infatti l'ultima struttura dell'universo, il soggetto trascendentale, l'etica e l'aldilà[7].

L'influsso del Tractatus

Il Tractatus di Wittgenstein ha influito direttamente, anche se in una lettura riduttiva suggerita dall'introduzione di RUSSELL alla edizione inglese, sul *neopositivismo* e il *principio di verificazione* del Circolo di Vienna, di AYER e di altri. Indirettamente per la sua opposizione al principio di verificazione il Tractatus ha influito sul *falsificazionismo* di K. R. POPPER. Un influsso indiretto del Tractatus di Wittgenstein si nota anche nella «Ordinary Language Philosophy».

---

[7] Un mediatore di questa eredità kantiana verso Wittgenstein fu certamente ARTHUR SCHOPENHAUER (1788-1860) con la sua opera principale del 1818 «Die Welt als Wille und Vorstellung», proprio con questa divisione della realtà in «mondo come apparenza» e «mondo come volontà». All'inizio di questo secolo Schopenhauer era molto di moda e con il suo pessimismo andava a genio al giovane Wittgenstein. La dipendenza di Wittgenstein da Schopenhauer risulta evidentè nei Quaderni del 1914 a 1916 che rappresentano il lavoro preparatorio per il Tractatus.

Negli ultimi anni con il rinascente interesse nella relazione fra logica e ontologia[8] anche l'interesse nel Tractatus è di nuovo aumentato. Ma anche indipendentemente da questo il Tractatus con la sua speculazione fra analisi linguistica, logica, filosofia della conoscenza e ontologia è tuttora considerato un'opera magistrale di analisi.

Per un'analisi del *linguaggio religioso* la filosofia del Tractatus viene utilizzata nel senso di una teologia negativa e apofantica: il significato specifico del linguaggio religioso *non si può dire, ma si mostra*. Con questo si riprende un tema antichissimo della filosofia e della teologia, fortemente presente in tutta la corrente neoplatonica. Bisogna però stare attenti a non ridurre tutto quello che si mostra ma che non si può dire al solo «mistico»[9] e questo a Dio. In ogni caso bisogna rispettare l'uso di «delucidazioni» («Erläuterungen») che Wittgenstein stesso fa continuamente nel Tractatus[10]. Ed evidentemente non è accettabile una ontologia esclusivamente *atomistica*, che però Wittgenstein stesso, proprio in virtù di quello che non si può dire ma che si mostra, *non propone*.

Per il nostro contesto è però di maggiore importanza il metodo delle Ricerche Filosofiche.

Le Ricerche Filosofiche e la filosofia del secondo periodo di Ludwig Wittgenstein

Il pensiero di Wittgenstein ha doppiamente influito sulla filosofia attuale: prima, come abbiamo visto, col Tractatus; in un secondo periodo[11], in modo fortemente diverso con le «Philosophischen Untersuchungen» e con tutto il materiale del secondo periodo pubblicato postumo.

---

[8] A partire dal famoso libro di STRAWSON, P. F., *Individuals. An Essay in Descriptive Metaphysics*. London 1965.

[9] Tr. 6.522.

[10] Cfr. per es. Tr. 6.54.

[11] Dopo quasi dieci anni di «astinenza» filosofica Wittgenstein torna nel 1929 a Cambridge e al lavoro accademico. Qui muore nel 1951.

La filosofia di questo «secondo Wittgenstein» è fortemente e volutamente non-sistematica, anzi anti-sistematica a tal punto che è perfino sbagliato etichettarla come «la filosofia dei giochi linguistici» o similmente. Con ciò le osservazioni che seguono non costituiscono in nessun modo delle «tesi» della filosofia del secondo Wittgenstein. Esse servono soltanto come punti di orientamento di una lettura dei testi. Questa è anche la ragione per cui nelle pagine seguenti abbondano i riferimenti al testo delle Ricerche Filosofiche nelle note.

Il significato

Il significato delle espressioni linguistiche non consiste nel loro essere dei nomi né di cose reali, né di impressioni sensibili, né di immagini mentali, né di idee o di contenuti, né di qualsiasi cosa[12]. «Nominare» è un gioco linguistico speciale, spesso usato come preparazione all'uso delle parole dentro un contesto determinato nella loro funzione normale, per esempio per insegnare delle parole ai bambini.

La «definizione ostensiva»[13] che per Bertrand Russell era così importante, non può né garantire né prestare il fondamento del linguaggio: essa non è univoca e può essere fraintesa. Più importante è però che una definizione ostensiva per essere compresa presuppone già una competenza linguistica precedentemente acquisita: per imparare una parola, sia per mezzo di una definizione ostensiva, sia in qualsiasi altro modo, debbo, almeno contemporaneamente, imparare come *usarla* poi. Ciò vuol dire che per questa parola deve già esistere un posto nel linguaggio dove collocarla[14]. Dire «le parole sono dei segni che hanno tutti un significato» non serve a molto[15], dato che

---

[12] Cfr. PU 1, 5, 26, 27, 40, 361.

[13] Si chiama «definizione ostensiva» l'introduzione di una parola per mezzo di un gesto indicatore verbale («questo») o non verbale (il dito puntato, ecc.) e la pronuncia di un nome singolare («Questo è Napoleone») o generale («Questo è un cavallo»).

[14] Cfr. PU 13, 31, 33, 38.

[15] Cfr. PU 10, 13, 15.

la stessa parola «significato» ha molti sensi. Le espressioni linguistiche hanno un «significato» e sono «significative» in molti modi diversi, in quanto hanno funzioni varie e diverse[16]. Questa diversità funzionale delle espressioni linguistiche si mostra specialmente nel fatto che noi le usiamo in vari «giochi linguistici»[17].

I giochi linguistici

Il termine «gioco linguistico» è senz'altro centrale per la filosofia del secondo periodo di Wittgenstein, ma questo non significa che egli abbia elaborato una «teoria dei giochi linguistici». Si tratta invece di una *analogia* fra il termine «linguaggio» e il termine «gioco». Con questa analogia egli intende insistere sui seguenti punti:

Parlare, similmente al giocare, è un'*attività*. Parlare è poi *un'attività complessa* che unisce elementi diversi, propriamente linguistici e non-linguistici. Parlare, cioè usare il linguaggio, è un'attività *multiforme*, analogamente alla molteplicità di ciò che chiamiamo «giocare», non riducibile all'unicità di un'essenza comune del «parlare». Parlare è poi essenzialmente una attività secondo *regole pubbliche*, che sono più o meno rigide a seconda del tipo e dello scopo del rispettivo gioco linguistico. Si nota però che «seguire una regola» per Wittgenstein è qualcosa di *pubblico e istituzionale* e non consiste nel sentirsi guidati da una regola[18]. Il significato di ogni singola espressione dipende dalla sua relazione agli altri elementi dello stesso gioco linguistico e con ciò dalla *logica* o dalla grammatica[19] specifica del gioco linguistico in questione[20]. Vari giochi linguistici

---

[16] Cfr. PU 1, 2, 5, 10, 11, 13, 14, 15.
[17] Cfr. PU 23, 24, 65, 66, 197.
[18] Cfr. PU 173, 197ss.
[19] Wittgenstein usa i due termini in un modo pressoché identico. La «Grammatica» è spesso qualificata come «la grammatica profonda» («Tiefengrammatik», «depth grammar») (cfr. PU 111, 290, 387, 594, 664, 889), che però intende in modo diverso da Chomsky.
[20] Cfr. PU 664.

fanno poi capo a una «forma di vita»[21]. Parlare, cioè usare un linguaggio in genere, fa invece parte della «storia naturale umana»[22].

Da tutto ciò segue che il linguaggio è considerato da Wittgenstein come parte integrante del *comportamento umano* totale. Un linguaggio privato, nel senso preciso di espressioni delle quali il significato è qualcosa di privato[23], è assurdo[24].

Il termine «gioco linguistico» si riferisce sia alla totalità del linguaggio[25], sia ai singoli «giochi»[26]. I singoli giochi linguistici[27] dei quali Wittgenstein parla sono o *naturali e realmente esistenti*[28] o semplificati[29] o addirittura *inventati, impossibili* per gli esseri umani realmente esistenti e *assurdi*[30]. Questo dimostra che il metodo filosofico del secondo Wittgenstein *non è puramente descrittivo* e in un certo senso è simile al metodo fenomenologico.

Di nuovo il significato

Il noto detto di Wittgenstein: «Il significato di una parola è il suo uso nel linguaggio»[31] è famoso. Bisogna però fare delle precisazioni importanti: *Primo*, anche questo detto non è una definizione del significato, ma una descrizione funzionale e analoga, dato che «l'uso» può essere diversissimo. *Secondo*, l'uso del quale Wittgenstein parla qui è l'uso *istituzionale* che

---

[21] Cfr. PU 19, 21, 241; pp. 174, 226.
[22] Cfr. PU 7.
[23] Una simile teoria fu proposta da J. A. AYER, in: *Language, Truth and Logic*; Gollancz, London 1964 (20ª ed.) e da altri positivisti logici per il significato del linguaggio dell'osservazione dei così detti «dati sensibili».
[24] Cfr. PU 23, 25, 202, 258ss., 269, 275.
[25] Cfr. PU 7.
[26] Cfr. PU per. es. 7, 23, 24 ecc.
[27] La distinzione fra vari giochi linguistici non è assoluta. Secondo un diverso interesse vari giochi linguistici sono considerati come distinti o anche come un unico gioco.
[28] Cfr. PU per es. 23.
[29] Cfr. PU per es. n. 7.
[30] Cfr. PU 1, 157, 160, 207, 331, 556.
[31] PU 43.

la parola possiede nel linguaggio, non l'uso personale che uno ne fa. Il significato non è mai qualcosa di psichico e privato, ma sempre una realtà pubblica, sociale e culturale[32]. *Terzo*, l'eccezione della quale Wittgenstein parla in questo contesto[33], si riferisce al fatto che la parola «significato» ha vari significati. Alcune volte, per esempio, significa «importanza» ecc.

L'abbandono dell'atomismo logico-linguistico

Contrariamente alla posizione filosofica del Tractatus, per il Wittgenstein posteriore non esistono elementi ultimi del linguaggio che siano, per loro natura, semplici, cioè non ulteriormente analizzabili, e ai quali tutte le espressioni linguistiche potrebbero essere ridotte per mezzo di un'analisi appropriata[34]. Le parole «semplice», «composto», ma anche «identico» e «diverso» e altre simili non hanno un significato assoluto, ma un significato diverso secondo il loro contesto nei diversi giochi linguistici[35].

Il rifiuto dell'«essenza comune» e il nominalismo delle Ricerche Filosofiche

La ragione per cui si usa la stessa parola per parlare di diverse cose, non consiste nel fatto che tutte queste cose hanno una comune essenza o certe definibili caratteristiche comuni, ma perché esiste una «somiglianza di famiglia»[36] fra queste cose. Perciò non esistono limiti fissi dei diversi concetti[37], ma il limite di un concetto è una questione di uso.

---

[32] Cfr. PU 10, 30, 43, 138s., 179, 247, 454, 532, 556s., 561; pp. 14s., 175s., 190, 220.

[33] PU 43: «Per una grande classe di casi — anche se non per tutti i casi — in cui ce ne serviamo, la parola ›significato‹ si può definire così: Il significato di una parola è il suo uso nel linguaggio».

[34] Cfr. PU nn. 202, 243, 258ss., 269, 275.

[35] ARISTOTELE in *Met.Delta* dice di molti termini simili che «pollachos legontai». TOMMASO D'AQUINO traduce «multipliciter dicuntur».

[36] Cfr. PU nn. 67ss.

[37] Cfr. PU n. 67.

Ne segue che le questioni di essenza sono questioni di grammatica[38]: ciò che è considerato come essenza dipende dalla logica speciale del gioco linguistico al quale appartiene il concetto in questione[39]. Con ciò Wittgenstein non vuole escludere che per l'uso specifico di una parola in determinati giochi linguistici l'uso di questa parola, cioè il suo contenuto, venga eventualmente fissato più rigorosamente.

Ne segue anche che i concetti noi non li astraiamo mediante una operazione individuale, ma li acquistiamo imparando una lingua. L'aspetto intellettuale della formazione dei concetti consiste nell'apprendimento intelligente richiesto per imparare una lingua. Ne segue pure che tutti i nostri concetti di vita quotidiana sono analoghi. Solo i termini tecnici delle terminologie scientifiche si avvicinano a una certa univocità.

Ciò nonostante Wittgenstein non è un puro nominalista perché l'uso della stessa parola ha delle ragioni oggettive e reali. Ma certamente non tiene più la posizione ultrarealista del Tractatus[40].

Il vocabolario della psicologia

Le parole che si riferiscono alla vita psichica umana come «provare dolore», «volere», «pensare», «capire» ecc. non hanno il loro significato né in quanto si riferiscono ad una attività, a un evento o a uno stato psichico, cioè a qualcosa di privato ed interno alla coscienza, né perché si riferiscono esclusivamente a un comportamento esterno osservabile. Sono perciò false sia la spiegazione mentalista dei cartesiani sia quella comportamentista del «behaviourism». Il concetto psicologico, per esempio «dolore» è *uno* ma *asimmetrico*: la sua grammatica è diversa per la prima persona dell'indicativo presente («io provo dolore») da quella delle altre forme («lui prova dolore»

---

[38] PU n. 371: «L'essenza è espressa nella grammatica». Cfr. anche nn. 1, 46, 65, 92, 97, 113, 116.
[39] PU n. 373: «Che tipo di oggetto una cosa sia: questo dice la grammatica (Teologia come grammatica)».
[40] Cfr. PU n. 383.

ma anche «io provavo dolore»). Nel primo caso la grammatica
è simile a quella della espressione («ahi», «aua»): non ci sono
criteri, non ha senso dire «Io sono certo di provare dolore» o
«Io ne dubito». Invece è possibile dire una bugia e fingere. Negli altri casi ci sono criteri e c'è la possibilità dell'errore, del
dubbio e della certezza. Il concetto è però uno: questi concetti
vengono acquisiti ed usati, cioè hanno un significato come un
unico concetto con uso asimmetrico, non come due concetti
distinti[41].

L'importanza di queste osservazioni di Wittgenstein per
l'elaborazione di una antropologia filosofica è evidente!

Il metodo

Il metodo di Wittgenstein nelle Ricerche Filosofiche è ancora il metodo dell'analisi linguistica, ma quest'affermazione
ha bisogno di essere specificata. Il suo metodo in opposizione
a quello del Tractatus non è più riduttivo ma *espositivo* e *descrittivo*[42]. Wittgenstein espone il *funzionamento logico*, non
quello psicologico, la grammatica profonda dei diversi giochi
linguistici, non quella del linguaggio in genere.

In questo il suo metodo *non* è argomentativo, né in senso
causale sia fisico, sia psicologico, sia metafisico, né nel senso
della ricerca delle condizioni trascendentali del linguaggio come nel Tractatus, né ancora meno di una ricerca delle determi-
nazioni esistenziali del parlare o della comunicazione umana.
Il suo metodo non è neppure esplicativo nel senso di un metodo scientifico che vuole spiegare i fatti o i fenomeni. Egli distingue rigorosamente la filosofia dalla scienza e rifiuta l'ideale
di una «filosofia scientifica»: all'analisi linguistica interessa solo il significato[43].

Positivamente il metodo delle Ricerche Filosofiche è analitico perché nella riflessione sulla realtà multiforme del linguag-

---

[41] Cfr. PU nn. 244-250, 253, 257, 281-317, 384, 571-592; pp. 191s.
[42] Questo non esclude che Wittgenstein *inventa* giochi linguistici possibili ma non esistenti e perfino giochi linguistici impossibili per scoprirli tali.
[43] Cfr. PU 37, 81, 89, 101, 392.

gio evita volutamente delle considerazioni generali: Wittgenstein descrive vari giochi linguistici, fra i quali indica anche
delle somiglianze ma insiste prevalentemente sulle differenze[44].
La visione globale e sintetica che da un tale modo di fare filosofia potrà ancora risultare non sarà certamente quella di un
sistema al quale tutto può essere ridotto e dal quale tutto può
essere dedotto, ma piuttosto quella di una città antica, nella
quale uno ha imparato a trovare le strade con facilità[45]. Wittgenstein non tira mai la somma delle sue analisi: per esempio
non considera insieme i vari modi di funzionamento del linguaggio tirandone le conseguenze per la natura dell'uomo che
ha inventato e parla un tale linguaggio in una antropologia filosofica. Il suo metodo realmente *non permette* una tale impresa! Per fare una tale cosa ci vuole un altro metodo. Per Wittgenstein l'esistenza di un gioco linguistico è qualcosa di ultimo, dove non ha più senso domandare: perché?[46].

Lo scopo dell'analisi linguistica del Wittgenstein posteriore è prevalentemente *terapeutico-critico* non solo contro le in-
debite generalizzazioni e l'unilateralità della filosofia, ma ancora di più contro gli errori spontanei nei quali ci induce la
grammatica di superficie del nostro linguaggio[47]. Nonostante
questo, le osservazioni di Wittgenstein spesso si riferiscono a
teorie di altri filosofi che però non cita quasi mai. In questo
senso la sua filosofia è una critica delle filosofie, di cui presuppone la conoscenza, anzi le «doglie del parto»[48].
La finalità e l'utilità dell'analisi linguistica delle Ricerche
Filosofiche non si esaurisce però in questo. Essa ha anche uno

---

[44] Nell'insegnamento orale di Wittgenstein era un suo ritornello: «I will
teach you differences!».

[45] Cfr. PU 18.

[46] Cfr. PU 466-497 e 654.

[47] Questo compito della sua filosofia, Wittgenstein lo ha sottolineato frequentemente. Il detto suo più famoso è forse quello di PU n. 309: «Quale è il
tuo scopo in filosofia? – Indicare alla mosca la via d'uscita dalla trappola».
Vedi: HALLETT, GARTH, *The Bottle and the Fly*; Thought 46 (1971) 83-104.

[48] Per tutto questo cfr.: PU 90s., 110s., 115s., 119-133, 593.

scopo positivo *chiarificatore*: viene messo in luce il reale funzionamento dei vari giochi linguistici, le relazioni fra di essi e la varietà illimitata del linguaggio.

Elementi metodologici di speciale importanza

Se si vuole elaborare la logica specifica di un gioco linguistico bisogna per *primo paragonare* l'uso delle espressioni linguistiche in questo gioco con quello di altri, simili giochi linguistici, indicando però le *differenze*. In un *secondo* momento si debbono *cercare* in altri giochi linguistici degli usi *simili* a questi che nel caso sotto analisi a prima vista sembrano unici e semplici. *Terzo*, fra l'uso nel caso sotto analisi e altri usi *diversi* bisogna cercare *casi intermedi*, eventualmente *inventandoli*, per creare un continuo di «somiglianze di famiglia».

Le caratteristiche del metodo logico-linguistico del secondo Wittgenstein nella sua utilità per un'analisi del discorso cristiano su Dio.

1. Il metodo che Wittgenstein usa nelle Ricerche Filosofiche è un metodo filosofico.

Il metodo di analisi linguistica di Wittgenstein non è un metodo scientifico, né filologico, né sociologico, né psicologico. La questione che Wittgenstein pone è una questione *filosofica*: com'è che un'espressione linguistica ha un «significato»? Com'è che quest'attività, che gli uomini svolgono quando parlano, è compresa? Questo metodo *non* è un metodo *teologico*: non è un metodo specifico della teologia positiva, cioè non è metodo della esegesi biblica, direttamente utile per la interpretazione della Sacra Scrittura o dei documenti ufficiali del magistero ecclesiastico. Non è neanche un metodo della teologia speculativa, in quanto la sua funzione non è né quella di un'ermeneutica né quella di una sintesi.

2. Il metodo che Wittgenstein usa nelle Ricerche Filosofiche è un metodo descrittivo.

Questo vuol dire che il metodo dell'Analisi Linguistica *non* pretende di essere *normativo*. Noi osserviamo come parlano gli uomini, come usano le parole, quale significato *ha* quello che dicono. *Non* possiamo prescrivere, come *dovrebbero* parlare, usare le parole, cioè quale significato *potrà* avere quello che dicono, secondo una qualsiasi norma preconcepita aprioristicamente.

Proprio per questo il metodo di Wittgenstein *non è riduttivo*. Se il linguaggio è usato in una determinata maniera, cioè se ha un determinato significato per quelli che lo usano, allora questo fatto è semplicemente da accettare come dato. Da questo evidentemente non segue che tutto quello che si dice sia vero, né che sia utile, consigliabile o perfino necessario, usare il linguaggio in questa determinata maniera[49].

Per il Wittgenstein delle Ricerche Filosofiche *non è lecito* dire: questa espressione linguistica non può avere questo significato (p.e.: metafisico, trascendente, etico, religioso ecc.), perché il *linguaggio (corretto!)* non può avere un tale significato. E perciò il *vero* significato di certe espressioni linguistiche *deve* essere *un altro*, p.e. empirico, sociale, economico, politico o semplicemente poetico o mitico ecc., cioè uno dei significati *ammessi* in virtù di una posizione filosofica, religiosa o altra presa aprioristicamente.

3. Il metodo che Wittgenstein usa nelle Ricerche Filosofiche è un metodo analitico.

Il metodo che Wittgenstein usa serve soltanto a fare delle sintesi relativamente ristrette, ma non vuole fare giungere a delle sistematizzazioni totali e globali, nelle quali si

---

[49] Su questo punto c'è una differenza essenziale fra il metodo dell'Analisi Linguistica d'una parte, e la fenomenologia e l'analisi esistenziale d'altra parte, che insistono sulla *diversa* autenticità e valenza esistenziale di certi modi di parlare.

comprende tutto (p.e. la realtà, il mondo, l'esistenza umana, la storia, ma anche il linguaggio) mediante un'unica profonda intuizione[50]. Anzi, Wittgenstein mette in guardia contro tale tentativo.

Il metodo di Wittgenstein serve senz'altro a elaborare delle sintesi parziali; non resta certamente confinato alla pura osservazione e all'analisi dei casi singoli. Wittgenstein vuole elaborare la logica speciale dei vari *giochi* linguistici. Ma questo non si fa per via di una intuizione dell'essenza dei rispettivi giochi, né per mezzo di una semplice astrazione del concetto generale da un certo numero di casi concreti singolari. Bisogna invece analizzare singoli esempi, paragonandoli, confrontando esempi di questo gioco con quelli di altri giochi simili, mostrando le *somiglianze e dissomiglianze*. Si elabora così non una essenza fissa e stabile, ma qualcosa di simile alle regole di un gioco che si può continuare a giocare comunemente.

Anche questo metodo dà però una visione globale: non quella di una idea generatrice, una legge di formazione in matematica (ax—by = c)[51] ma quella di una carta geografica o meglio ancora la visione globale di una città, come può averla uno che ci vive da anni[52]. Perciò, questo metodo serve senz'altro come preparazione a nuove conoscenze, intuizioni e innovazioni.

Usando il metodo analitico delle Ricerche Filosofiche ci si può formare una idea abbastanza precisa, perché più dettagliata, ma anche più sfumata, direi «analogica», degli insiemi relazionali, anche illimitati, quali sono il linguaggio, la scienza, la conoscenza, ma anche la teologia e la fede cristiana.

---

[50] In questo consiste la differenza fondamentale fra il metodo di Wittgenstein e quello fenomenologico e dell'analisi esistenziale.

[51] Si ricorda le idee chiare e distinte di Cartesio.

[52] Cf. PU 18, 203. Vedi: D. A. T. Gatsking and A. C. Jackson, *Wittgenstein as a Teacher*; in K. T. Fromm, ed. L. Wittgenstein, *The Man and His Philosophy*, p. 51.

4. Il metodo che Wittgenstein usa nelle Ricerche Filosofiche è un metodo terapeutico.

Quando si comincia a riflettere sul linguaggio, questo stesso linguaggio facilmente ci inganna con le sue strutture immediate, con quello che Wittgenstein chiama «grammatica di superficie»[53]. Questo accade soprattutto quando ci si serve di un linguaggio usato originariamente non per un tale scopo — il linguaggio quotidiano, ma anche il linguaggio biblico o generalmente quello della evangelizzazione — in un contesto filosofico o teologico. Allora sorgono problemi che in realtà non esistono. Bisogna dunque dissipare questi problemi mostrando il reale funzionamento delle rispettive espressioni linguistiche nel loro ambiente naturale non-filosofico e non-teologico, cioè nei rispettivi giochi linguistici ai quali appartengono originariamente[54].

Questo tipo di problemi filosofici e teologici d'altra parte è abbastanza frequente. Lo incontriamo spesso dove parliamo di difficoltà di comprensione o di comunicazione. La «soluzione» di questi problemi consiste in una chiarificazione del significato delle espressioni linguistiche, non tanto in un'argomentazione fattuale sulla verità e falsità dei detti. Detto semplicemente: certi problemi che appaiono reali si risolvono mostrando che *non esistono*.

In questo senso l'analisi linguistica wittgensteiniana ha anche, però non esclusivamente, uno scopo *terapeutico*, perché mette in chiaro come realmente sono usate le varie forme del parlare.

Somiglianza nella differenza
fra Tractatus e Ricerche Filosofiche.

Le *differenze* fra il Tractatus e le Ricerche Filosofiche sono state spesso indicate e sono infatti piuttosto evidenti: nelle

---

[53] Cfr. PU 664.

[54] Un'operazione simile si fa in esegesi biblica, quando si cerca di identificare il «Sitz im Leben» dei brani del Vangelo.

Ricerche Filosofiche Wittgenstein abbandona l'*unifunzionalità* del linguaggio, l'*atomismo linguistico* soggiacente e ogni forma di *parallelismo* fra la struttura del linguaggio e quella della realtà, proponendo l'uso multiforme del linguaggio come il suo significato. Dentro questa differenza si nasconde però una ben precisa *continuità*: la filosofia di Wittgenstein resta una *critica*, anzi una *terapia* non tanto del linguaggio stesso ma della falsa, anche se spontanea accettazione del linguaggio. Wittgenstein continua a *distinguere* rigidamente fra filosofia e scienza e a restringere la filosofia alla chiarificazione logica del parlare. In questo contesto continua a distinguere rigorosamente fra problemi *fattuali* e problemi *logico-linguistico-grammaticali*.

L'utilità e i limiti del metodo.

Il metodo analitico delle Ricerche Filosofiche si presta generalmente per il *primo passo* di ogni indagine filosofica, teologica e spesso anche per indagini apparentemente scientifiche. D'altra parte è evidente che questo metodo è un metodo filosofico accanto ad altri metodi che restano *indispensabili*: non tutti i problemi filosofici possono essere risolti e trattati dall'analisi linguistica e non tutti possono essere curati come tante malattie. Resta legittimo e necessario fare anche altre cose in filosofia oltre quelle che ha fatto Wittgenstein, ma che i filosofi hanno fatto per quasi 2500 anni, e di farlo con altri metodi: con il metodo fenomenologico cercando l'unità strutturale della vita umana conscia dentro un mondo; con il metodo trascendentale cercando le condizioni di possibilità dell'esperienza per una coscienza; con il metodo metafisico tradizionale analizzando la realtà nei suoi principi analogici per mezzo del principio della non-contraddizione ecc. L'analisi linguistica di stile wittgensteiniano in tutte queste imprese filosofiche dovrebbe però costituire non solo un primo passo ma anche una continua verifica di significatività; altrimenti si creano troppo facilmente degli pseudo-problemi.

In tutto questo, ma specialmente nel contesto del linguaggio religioso cristiano, la distinzione fra problemi fattuali e altri logico-grammaticali, così cara a Wittgenstein, *non* deve essere considerata assoluta e adeguata!

B. LA RIDUZIONE FENOMENOLOGICA (EDMUND HUSSERL 1859-1937).

Il metodo fenomenologico di EDMUND HUSSERL è stato esposto, anche in modo sintetico, varie volte, e ha trovato già da tempo interesse e applicazione anche in campo teologico[55]. Perciò l'esposizione di questo metodo nel nostro contesto può essere più breve. Il metodo fenomenologico si capirà però in modo migliore seguendo l'evoluzione dello stesso pensiero filosofico di Husserl.

Ritengo questo il modo migliore di esporre il metodo fenomenologico anche perché vedo nell'evoluzione del pensiero di Husserl una chiara *continuità* senza rotture. L'interna dinamica del problema filosofico spinge Husserl in avanti da una posizione alla seguente: dal concetto del numero ai problemi della filosofia della matematica, all'«epochè», e fino alla fenomenologia trascendentale delle «Meditazioni Cartesiane» e alla «Lebenswelt» della «Crisi della coscienza europea».

---

[55] Per un ulteriore approfondimento si consiglia: VALORI, PAOLO, *Il metodo fenomenologico e la fondazione della filosofia*. Desclée, Roma 1959.
  Inoltre sono utili: VANNI ROVIGHI, SOFIA, *La filosofia di Edmund Husserl*; Milano, *Vita e Pensiero*, 1939; DENTONI, FRANCESCO, *La formazione e la problematica del primo Husserl*; Roma, Luciano Lucarini 1977; Id., *Lo scritto di abilitazione di Husserl «Über den Begriff der Zahl»*, diss. PUG 1977; Roma, Abete 1978; TILLIETTE, XAVIER, *Breve introduzione alla fenomenologia husserliana*; Lanciano, Itinerari, 1983.
  Per una bibliografia più ampia vedi: VANNI ROVIGHI, S., *Studi husserliani*, in *Riv. di Fil. Neosc.* 1963, 522-536; SALEMI, R., *Bibliografia*, in *Anal. huss.* IX (1979) 469-481; TILLIETTE, *o.c.* pp. 140-146.

L'evoluzione del pensiero filosofico di Husserl

L'origine matematica della filosofia di Husserl:

«Sul concetto di numero» («Über den Begriff der Zahl») (1887) e «Filosofia dell'aritmetica» («Philosophie der Arithmetik) (1891).

Husserl studiò matematica a Lipsia e Berlino con Kronecker e Weierstrass e con quest'ultimo si laureò in questa disciplina con una tesi «*Sulle variazioni del calcolo*».

I problemi della matematica, specialmente la divergenza fra psicologisti che cercavano di dare ai concetti fondamentali della matematica una fondazione psicologica[56], e formalisti che rinunciavano ad ogni fondazione filosofica o altra della matematica, considerandola puramente formale, portarono Husserl a studiare filosofia con *Brentano* a Vienna.

Nel suo primo libro «*Sul concetto di numero*» Husserl progetta una fondazione filosofica della matematica col metodo di Brentano, che è ancora *semi-psicologico*. Il problema di Husserl è l'«uno» matematico come concetto fondamentale non solo di tutta la matematica, ma già del semplice contare. Questo concetto di «uno» non ha nessun significato se non quello di non essere l'«altro», tralasciando[57] qualsiasi altra differenza. La riduzione del numero a processi psichici relativi al puro contare, ancora ispirata al metodo della ricostruzione genetica di Brentano, porta Husserl al concetto del puro «qualcosa», senza alcuna qualificazione differenziante, quale fondamento dell'«uno». E questo concetto di «qualcosa» nascerebbe dall'atto psichico unificante, di identificazione di qualcosa come uno.

Nella «*Filosofia dell'aritmetica*» che resta incompiuta, questo progetto fallisce, e Husserl se ne rende conto, anche

---

[56] Cfr. Dentoni, Francesco, *La formazione e la problematica filosofica del primo Husserl*; Luciano Lucarini, Roma 1977; cap. IV. La psicologia del secolo XIX e la giustificazione del suo impiego per la filosofia della matematica; pp. 119ss.

[57] Evitiamo di proposito il termine «astrazione», che in Husserl e già in tutta la filosofia moderna ha dei significati specifici.

grazie alla critica di Frege, che gli fa notare come mai in questo modo arriverà alla ricostruzione del significato delle forme matematiche. Questo però non significa che Husserl abbandoni il suo interesse nella filosofia della matematica. Anche più tardi vi ritorna continuamente. Anzi, bisogna tenere presente che la formazione e perciò la «forma mentis» di Husserl è proprio determinata dalla matematica. Il paradigma di ogni contenuto di coscienza nella sua purezza e perciò di quello che chiamerà «noema», «essenza» e «idea», nonostante tanti altri esempi, resta il *numero*.

La nascita della fenomenologia nelle «Ricerche Logiche»
(«Logische Untersuchungen») (1900/01).

Nelle «*Ricerche logiche*» Husserl abbandona completamente lo psicologismo e ogni tentativo di ricostruzione *genetica* non solo dei concetti fondamentali della matematica ma di ogni contenuto oggettuale di coscienza. L'orizzonte della riflessione filosofica di Husserl diventa così universale e onnicomprendente. Il centro della sua attenzione è il contenuto, cioè il dato di coscienza nella sua *pura oggettualità* («Die Sachen selbst»). Come esempi si trovano ancora i concetti della matematica, ma prevalgono significati logici e si trovano anche significati linguistico-semantici. Nella prima delle Ricerche Logiche in particolare si pone il problema del significato dei segni — tanto linguistici quanto matematici — e lo affronta mettendo tra parentesi sia il momento comunicativo che quello referenziale naturalistico.

Quello che Husserl cerca è la realtà propria e pura del «logico», che chiama anche già «essenza» («Wesen»): è la realtà del puro «fenomeno» in quanto tale, così come si presenta alla coscienza. Il «Wesen», l'«essenza», è una unità che non è più un puro «qualcosa», ma piuttosto un'unità di senso; è la realtà del logico perché in quanto tale essa già implica strutture relazionali. Ma essa è e resta anche fenomeno perché è descrivibile così come si presenta alla coscienza, nella sua forma, a prescindere da ogni identificazione interpretativa sia con una realtà naturale delle cose sia con quella degli atti psichici. Per questo Husserl chiama non solo il suo metodo, ma tutta la sua filosofia, intesa come «scienza rigorosa», «fenomenologia»[58].

Si pone però con tutta la forza il problema del metodo. Come si può arrivare a cogliere questo «fenomeno» nella sua purezza oggettuale? Questo metodo Husserl lo chiama ancora «astrazione», ma non nel senso di Locke, del tralasciare cioè le differenze concrete, particolari e sensibili, astraendo *da* esse. Husserl lo intende piuttosto nel senso dello «spegnere» («ausschalten») quello che comincia a chiamare «l'atteggiamento naturale» («die natürliche Einstellung») che porta a considerare un dato di coscienza sia come una realtà fisica naturale, sia come un evento nello sviluppo psicologico nella mente umana. Husserl si concentra così sulla pura presenza del contenuto, cioè del «fenomeno», che è evidentemente un contenuto di coscienza, ma non è questo che conta, bensì il fenomeno in se stesso. D'altra parte la coscienza è, come Husserl continua a dire con Brentano, «intenzionale», cioè «coscienza di qualcosa», è «cogitatio» in cui «ego cogito cogitatum qua cogitatum».

In tutta questa impostazione delle «Ricerche logiche» e nell'elaborazione più polemica della «Filosofia come scienza rigorosa» si può già intravedere il passaggio alle «Idee», delle quali parleremo qui di seguito.

La fenomenologia piena nelle «Idee su una fenomenologia pura» («Ideen zu einer reinen Phnomomenologie) (1911-13).

Nelle «*Idee*» Husserl continua ed approfondisce la sua fenomenologia. Il *centro della sua attenzione* è ormai chiaramen-

---

[58] Cfr. «La filosofia come scienza rigorosa» («Die Philosophie als strenge Wissenschaft») di 1911 in: E. HUSSERL, Aufsätze und Vorträge (1911-1921), Husserliana vol. XXV, Dordrecht, Boston, Lancaster 1987.

Il nome «*fenomenologia*» non è preso tanto dalla distinzione kantiana fra «noumeno» e «fenomeno» che è di origine platonica, ma piuttosto dalla «Fenomenologia dello Spirito» di Hegel e ancora di più da quella dell'antica astronomia che parla dal «sozein ta fainomena». Il «*fenomeno*» non è la cosa, ma è il dato originario di coscienza, che diventa l'essenza, l'idea, la struttura intelligibile.

te il contenuto di coscienza, che è però caratterizzato come «vissuto originario e *assoluto*», anteriore a ogni predicazione con riferimenti interpretativi fattuali. La terminologia per questo *contenuto* è ormai: «Noema», «Eidos», e poi prevalentemente «essenza» («Wesen»), che bisogna capire come *struttura intelligibile* del contenuto della coscienza. *Non* va quindi inteso in senso aristotelico-tomistico come elemento ontologico costitutivo del singolo essere finito.

Il *metodo* fenomenologico di Husserl si chiarisce ancora di più, e si sposta pure in un certo qual modo verso il *polo soggettivo*. Se infatti il dato di coscienza deve essere puramente oggettivo, si deve passare al di là dell'astrazione dal sensibile e dal particolare. Si deve mettere in parentesi la *doppia* esistenza del dato: quella psichica in me e quella realistica in sé, in quanto ambedue sono contingenti. «Spegnere» («Ausschalten») e «mettere in parentesi» ricevono così un nuovo significato. La parola chiave diventa «*epochè*»[59] non solo dall'atto e dal soggetto, dall'io, cioè dall'esperienza mia, ma anche dalla sua esistenza concreta.

Con ciò l'attenzione della riflessione filosofica di Husserl si sposta al polo «soggettivo»[60]. Non interessa solo il «noema», ma anche la «noesis», cioè la relazione diversificata del soggetto, la sua diversificata «intenzionalità» verso i diversi tipi di contenuti. Il fine della fenomenologia resta, però, lo stesso: la pura descrizione delle «essenze», cioè delle unità di senso in ciascun campo di esperienza, da quelli più limitati fino al più inglobante. Ma l'esperienza è sempre essenzialmente di carattere intenzionale. Perciò la «scienza rigorosa» a cui Husserl tende, deve avere un carattere bilaterale: la descrizione del polo oggettivo esige che ci si volga a descrivere anche il polo sog-

---

[59] Il termine «epochè» Husserl lo prende dalla terminologia dello scetticismo greco antico, dove significa: astenersi da ogni assenso per evitare il pericolo di sbagliarsi. In Husserl il significato di «epochè» è però diverso e signfica il mettere in parentesi sia l'esistenza naturale sia quella psicologica. La funzione dell'«epochè» è *metodologica*. In questo Husserl si avvicina già al «dubbio metodico» di Cartesio.

[60] Cfr. VALORI, p. 62.

gettivo, pur se in modo diverso da quello dello «psicologismo» che era stato il suo inizio e che egli aveva poi non solo abbandonato ma radicalmente criticato.

Solo così, nel riferimento della pura noesis al puro noema si ha la piena «adaequatio» della verità e non si può più dubitare, perché si ha la piena evidenza. Questo è il reale senso dell'epochè.

Elemento essenziale perciò del metodo di Husserl è la «riduzione fenomenologica» per la quale dall'«atteggiamento naturale», in cui l'attenzione si porta subito sulle cose nella loro esistenza naturale, si passa alla «*visione eidetica*»[61], alla visione cioè delle forme logiche costitutive di questo mondo.

L'ulteriore sviluppo di Husserl verso la fenomenologia trascendentale è in sé molto importante, ma non riguarda il nostro contesto del linguaggio religioso.

Applicazione del metodo di Husserl al linguaggio religioso

Usiamo il metodo di Husserl stesso, non vari altri metodi chiamati «fenomenologici», e lo usiamo per quanto possibile in modo rigoroso.

Questo metodo riguarda in *prima* linea gli oggetti, o piuttosto delle *oggettualità*. Per Husserl stesso resta importante il paradigma del numero, il significato e in genere l'«eidos». Ma troviamo successivamente, anche nei discepoli di Husserl la «comunità» («Gemeinschaft») e la «società» («Gesellschaft»), lo «stato» (Scheler, Stein), ma anche «il sacro» (Rudolf Otto); ma *non* «il linguaggio», «il linguaggio religioso».

D'altra parte già Husserl stesso e ancora di più i suoi discepoli analizzavano anche i diversi tipi di intenzionalità da parte del soggetto, cioè la «noesis», verso il «noema», cioè il

---

[61] Cfr. VALORI, p. 68. L'ulteriore sviluppo della fenomenologia di Husserl verso la fenomenologia trascendentale e il problema dell'intersoggettività, specialmente nelle *Meditazioni cartesiane (1929)*, e nella *Crisi delle scienze europee e la fenomenologia trascendentale (1934/35)* ha poca attinenza con una analisi del discorso cristiano su Dio.

contenuto di coscienza. Così il metodo fenomenologico di Husserl può essere applicato ed è stato applicato in seconda linea anche a delle *azioni umane intenzionali* (Stein: simpatia; Merleau-Ponty: sensibilità; Ricoeur: volontà ecc.), cioè p.e. a «credere», «pregare», «rito», «sacrificio» ecc. Questo è evidentemente importantissimo per una fenomenologia della religione e specialmente per una fenomenologia della *fede* cristiana, nella quale c'è una stretta correlazione fra contenuto e atto di fede.

Solo in *terza* linea questo metodo serve a determinare delle realtà globali come la «società» (Scheler) o la «religione», ma in tal caso deve essere supportato dai risultati del primo e del secondo livello di applicazione del metodo fenomenologico.

Nell'uso del metodo fenomenologico ai primi due livelli, si cerca di individuare una realtà strutturale oggettiva, distinguendola da ogni altra nella sua specificità. Questa realtà non è né individuale né collettiva, ma semplicemente oggettiva. Da essa si elimina in un atto di riduzione ogni aspetto singolo e particolare, ma anche ogni dipendenza dal soggetto individuale o collettivo. Proprio per questo l'applicazione del metodo fenomenologico a problemi di fede cristiana *non dovrebbe permettere* né una psicologizzazione né una sociologizzazione della teologia! D'altra parte esclude però anche un realismo *naturalistico* dei contenuti della fede cristiana.

Nel contesto di questo libro il metodo fenomenologico ci serve non tanto a determinare il *linguaggio* religioso, ma piuttosto degli *oggetti* e degli *atti* specifici di fede cristiana. Lo useremo di più negli ultimi due capitoli.

La differenza del metodo fenomenologico dal metodo analitico.

Il metodo fenomenologico riduce le diversità concrete ad un'unica essenza strutturale e *non* espone le regole istituzionali di un gioco.

Questa essenza strutturale viene determinata come *unitaria, non* come multiforme e si tende a distinguere questa essenza in maniera precisa da ogni altra anche simile.

In tutto questo si può notare la vicinanza di Husserl non solo a Platone ma anche alle idee chiare e distinte di Cartesio. La terminologia scettica, ma anche cartesianeggiante («epochè» → dubbio metodico) di Husserl è voluta e con essa non solo torna la problematica del soggetto come controparte del contenuto ideale, ma la svolta trascendentale diventa esplicita, proprio perché il contenuto ideale non va inteso in modo *platonico*. D'altra parte, questo contenuto è un contenuto *assoluto*; così la *pura* «cogitatio» ha bisogno di un *puro* «ego cogitans», e così il soggetto non può essere che *trascendentale*.

Questo livello di problematica è raggiunto già nelle «Ideen» e, di fatto molti dei discepoli fedeli del Maestro di Göttingen si sentivano traditi da questa svolta trascendentale, che sembrava un ritorno a Kant[62]. Il passaggio successivo del pensiero Husserliano appare meno forte, appena si realizzano queste presupposizioni[63].

Il pluralismo metodologico.

A questo punto si può giustamente domandare, come mai due metodi così diversi potranno essere usati insieme per l'analisi del discorso cristiano su Dio.

Sono da tanto tempo dell'opinione che non esiste un *unico* metodo filosofico, ma una pluralità di metodi da usare in filosofia: oltre il metodo logico analitico e la fenomenologia ci sono il classico metodo aristotelico-scolastico, il metodo trascendentale ed altri. Non solo nelle varie parti della filosofia ma anche per ogni singolo problema filosofico bisogna usare vari metodi[64].

La differenza fra la fenomenologia di Husserl e l'analisi linguistica del secondo Wittgenstein non è poi così totale come qualche volta si pensa. Nella seconda parte delle «Ricerche

---

[62] Cfr. VALORI, *o.c.*, p. 62 e E. STEIN, *Jurnée d'études de Juvisy*, 1932, p. 44.

[63] P. VALORI, *o.c.*, p. 73: «... qui si tratta piuttosto di una mera leggera accentuazione dei temi precedenti».

[64] Cfr. HUBER, C., *Critica del sapere*; passim.

filosofiche» si trovano descrizioni molto simili a quella di Husserl. Certi paragrafi sul significato linguistico nelle «Ricerche logiche» e nelle «Ideen» sono simili a quelli di Wittgenstein. Più importante è però che il modo in cui si capisce la logica di un «gioco linguistico» non è dissimile dalla «visione eidetica» di una «essenza». Per tutte e due ci vuole un lavoro metodico preparativo, duro e lungo, ma alla fine si «comprende». In tutte e due si tratta della «visione» di un *tutto*, non riducibile alle sue parti e non ricostruibile a partire da esse.

Comune alla fenomenologia e all'analisi linguistica è anche il loro oggetto, se non esclusivo almeno molto prevalente: il *significato*. In questo consiste anche il loro limite comune. Né la fenomenologia né l'analisi linguistica sono argomentativi in senso *fondativo*. Tutte e due analizzano cos'è un dovere morale o una fede religiosa ecc. ma con nessuno di questi due metodi si può *dimostrare* l'esistenza di Dio o la obbligatorietà di un determinato imperativo morale. Sia il dato di coscienza, sia un gioco linguistico con le sue regole sono qualcosa di *ultimo*. In questo consiste anche la loro fatale attrattiva di oggi. Se *tutta* la filosofia è esclusivamente fenomenologia o analisi linguistica oppure tutte e due insieme, allora si esclude dalla filosofia la metafisica e con essa ogni tentativo di fondazione *ultima*. Questo in Husserl e in Wittgenstein *non* avviene, ma in certi loro lontani seguaci sì.

CAPITOLO III

IL CONCETTO DEL LINGUAGGIO RELIGIOSO

Abbiamo già detto sopra che non si può analizzare il linguaggio religioso in senso generico, perché esistono in concreto solo il linguaggio cristiano, musulmano, greco pagano, buddhista ecc.

Adesso, però si pone un problema *diverso*. In quale modo un linguaggio religioso, specialmente il linguaggio cristiano cattolico è distinto e diverso da altri tipi di linguaggio non religiosi? O detto in un modo più preciso: come si distingue *il modo con cui i cristiani parlano*, cioè con cui usano il linguaggio nel contesto della loro fede, dal modo del loro parlare fuori di un tale contesto?

Per chiarire questo problema sarà usato il metodo analitico di Wittgenstein, come è stato esposto nel capitolo precedente.

Con ciò la prima domanda alla quale bisogna rispondere è la seguente. Esiste un linguaggio religioso cristiano *accanto* al linguaggio comune? A questa domanda la risposta è *negativa!*

Non esiste un linguaggio religioso cristiano accanto al linguaggio comune.

Se si paragonano a livello della «*grammatica superficiale*» («*Oberflächengrammatik*»)[1] il modo in cui i cristiani usano il

---

[1] WITTGENSTEIN L., PU 664: «Nell'uso di una parola si potrebbe distinguere una 'grammatica superficiale' («Oberflächengrammatik») da una 'grammatica profonda' («Tiefengrammatik»). Ciò che s'esprime immediatamente in noi, dell'uso di una parola, è il suo modo d'impiego nella *costruzione della proposizione («im Satzbau»)*, la parte del suo uso — si potrebbe dire — che possiamo cogliere con l'orecchio».

linguaggio nel contesto della loro fede con il modo in cui parlano fuori di questo contesto, non si notano differenze. Sotto la maggior parte delle considerazioni linguistiche un qualsiasi linguaggio religioso concreto, cioè nel nostro caso — e qui in modo anche accentuato — il linguaggio cristiano *non si distingue* dal linguaggio non-religioso, non-cristiano, parlato comunemente dagli uomini e anche dai cristiani.

Infatti il linguaggio religioso cristiano, ma anche gli altri linguaggi religiosi, non si differenziano dal linguaggio comune non religioso parlato dagli stessi cristiani o dagli appartenenti ad altre religioni. Questo, come vedremo, costituisce un fatto abbastanza importante, che però non dispensa da un'analisi ulteriore a livello della «grammatica profonda», che rivelerà le differenze dell'uso del linguaggio religioso da quello non religioso.

Il linguaggio religioso non è distinto dal linguaggio comune per il suo **vocabolario**

Le *parole* che si usano parlando in contesto religioso cristiano sono le stesse che si usano nel linguaggio quotidiano: «padre», «grazia», «perdono», «riscatto» ecc. ecc.

I *termini* tecnici *specifici* del linguaggio di *fede*, che si usano nel linguaggio cristiano sono relativamente rari e non sono indispensabili, perché sono spiegabili per mezzo dei termini comuni: p. es. «preghiera», «salvezza», «redenzione» ecc. ecc. Questi termini specifici sono poi in buona parte termini pratici e giuridici ecc. p. es.: «chiesa», «parrocchia», «calice», «vescovo» ecc. ecc., presi poi in parte da altre lingue, prevalentemente dal greco e dal latino.

La teologia invece, che è la scienza riflessiva della fede o come direbbe Wittgenstein, la *grammatica del linguaggio della fede*[2], ha, come ogni scienza, anche dei termini specifici: «transsubstantiatio», «circumincessio», «trinitario» ecc. ecc.

---

[2] Cfr. PU 373.

Il linguaggio religioso non è distinto dal linguaggio comune per la sua **grammatica**

La grammatica del linguaggio che i cristiani usano, quando parlano di Dio, anche quando fano teologia, è semplicemente quella della lingua che parlano, cioè della lingua greca, della lingua latina, della lingua italiana ecc. Non è vero che il linguaggio religioso è grammaticalmente «strano»[3]. Un errore di grammatica italiana è un errore anche se si trova in un libro di teologia.

Il linguaggio religioso non è distinto dal linguaggio comune per il suo **stile**

In un contesto religioso, anche e specialmente in un contesto specificamente cristiano, si possono usare *tutti* o quasi tutti gli stili che si usano anche in altri contesti: stile poetico e prosastico; stile scelto, elevato, quotidiano e banale; stile infantile, adolescenziale, giovanile e adulto; stile colto e semplice; stile buono e cattivo.

Il linguaggio religioso non è distinto dal linguaggio comune per i cosidetti **giochi linguistici**

Ludwig Wittgenstein, nelle sue Ricerche Filosofiche, dà la seguente lista di quello che lui chiama «giochi linguistici»[1], una lista che evidentemente non è completa e *non può* esserlo:

«Comandare, e agire secondo il comando –
Descrivere un oggetto in base al suo aspetto o alle sue dimensioni –
Costruire un oggetto in base a una descrizione (disegno) –
Riferire un avvenimento –
Far congetture intorno all'avvenimento –
Elaborare un'ipotesi e metterla alla prova –
Rappresentare i risultati di un esperimento mediante tabelle e diagrammi –

---

[3] Cfr. J. T. RAMSEY, *Religious Language on an Empirical Basis*; London SCM 1967.
[4] Cfr. PU 83 e passim.

Inventare una storia, e leggerla –
Recitare in teatro –
Cantare in girotondo –
Sciogliere indovinelli –
Fare una battuta; raccontarla –
Risolvere un problema di aritmetica applicata –
Tradurre da una lingua in un'altra –
Chiedere, ringraziare, imprecare, salutare, pregare»[5].

Certamente non tutti i giochi linguistici si possono 'giocare' in tutte le situazioni, e perciò neppure in situazioni religiose; per esempio «Rappresentare i risultati di un esperimento mediante tavole e diagrammi». Ma la caratteristica del linguaggio religioso non consiste in questo. D'altra parte la stragrande maggioranza dei giochi linguistici della vita quotidiana sono giocati di fatto anche in un contesto religioso cristiano. In tal caso hanno certamente delle sfumature specifiche e qualche volta un *nome* speciale, diverso da quando sono giocati in un contesto non-religioso, per esempio: «domandare – pregare», «manifestare una convinzione – professare la fede» ecc.

Il «linguaggio religioso»[6] *non si differenzia dal modo di parlare al di fuori di un contesto religioso nei seguenti modi.*

Il linguaggio religioso non è diverso da quello non-religioso come **una lingua da un'altra lingua***; cioè come per esempio l'italiano dal tedesco.*

Da cristiano italiano non parlo *due* lingue: italiano e 'cristiano'. Non si traduce dal 'cristiano' in italiano, come non si traduce dal linguaggio scientifico e filosofico in italiano. Ma non si 'traduce' neanche dal linguaggio religioso in linguaggio empirico o 'laico' e neppure dal linguaggio cristiano in linguaggio comune.

---

[5] PU 23.

[6] Per le ragioni dati sarebbe meglio dire «*il modo di parlare in contesto religioso*», ma per semplicità continuerò a dire, anche senza virgolette, «*linguaggio religioso*».

*Il linguaggio religioso non è diverso da quello non-religioso come **un dialetto dalla lingua ufficiale**.*

*Il linguaggio religioso non è diverso da quello non-religioso come **un linguaggio di gruppo o un gergo** da altri tipi di linguaggio.*

Esistono linguaggi specifici di mestieri, di gruppi sociali, di età ecc. Tutte queste differenze si trovano all'interno di questo modo religioso, cristiano, cattolico di usare una lingua. Un gruppo giovanile spirituale sviluppa il suo linguaggio di gruppo. Ogni movimento ecclesiale ha il suo gergo. Le diverse grandi forme di spiritualità cristiano hanno sviluppato una loro terminologia. Anche questi linguaggi si devono apprendere e la loro diversità crea delle difficoltà.

Il modo di usare il linguaggio nel contesto della propria religione, ma anche del proprio movimento ecc., cioè con parole di significato speciale («grazia», «eucaristia», «penitenza» ecc.), con predilezione di certe espressioni («cammino», «strada», «esodo» ecc.), serve *anche* come mezzo e segno di *identificazione* del gruppo e del singolo nel gruppo; proprio perché questo modo specifico di parlare è stato appreso per via di un *processo di socializzazione linguistica*.

*Il linguaggio religioso non è diverso da quello non-religioso come **un linguaggio tecnico scientifico** dal linguaggio comune.*

Oltre il linguaggio religioso cristiano cattolico esiste anche il *linguaggio della teologia*. Di questo linguaggio anche i credenti praticanti, religiosamente bene formati, *non* posseggono una competenza linguistica, nonostante posseggano una vera competenza linguistica *comune* nel contesto della loro fede.

Esiste un modo speciale di usare il linguaggio in un contesto religioso.

D'altra parte è un fatto evidente, che il *modo* di parlare in un contesto religioso è un modo specifico, diverso dal modo di parlare in un contesto non religioso. Ne sono prova le *difficoltà* di comprendere l'uso speciale linguistico nelle varie religioni, anche nel cristianesimo e fra le varie denominazioni cristiane, per esempio fra cattolici e evangelici. Questo modo di parlare una persona che pure possiede una competenza linguistica piena di una determinata lingua, può anche *non conoscerlo*, almeno in parte, oggi forse anche totalmente. Se vive in un paese con una cultura non o quasi non determinata dal cristianesimo, allora certamente ignora o fraintende il modo cristiano di parlare su Dio. Perciò *bisogna apprendere* l'uso religioso del linguaggio. Questo spesso avviene in un normale processo di *socializzazione* religiosa. Nel caso dei cattolici il catechismo e la preparazione ai sacramenti di «iniziazione cristiana» ha *anche* questa funzione. Ciò nonostante anche fra cattolici spesso manca una competenza *riflessa* del linguaggio religioso che usano, con la conseguenza di non rari fraintendimenti, fino alla *superstizione*.

Conclusioni.

Come conseguenze dalle osservazioni precedenti risulta:

1. Non solo il termine «linguaggio», ma anche quello «linguaggio religioso» è un termine *analogo*, qualche volta perfino «equivoco», ma certamente non univoco.

2. Il linguaggio religioso ha una relazione molto stretta con il linguaggio comune quotidiano. Sotto questo aspetto la struttura del linguaggio religioso cristiano *rispecchia* la relazione fra *fede e vita* e fra *grazia e natura*, secondo il detto di San Tommaso: «gratia supponit et elevat naturam».

3. La differenza dell'uso religioso cristiano dagli altri usi del parlare sarà da determinare positivamente:

   a) per il *ruolo centrale*, che ha in esso la parola «*Dio*» o i suoi equivalenti[7].

   b) per il *significato speciale*, che tutte le altre espressioni acquistano, se usate con riferimento diretto o indiretto a «Dio».

---

[7] Vedi sotto cap. IV.

SECONDA PARTE

LA LOGICA DEL DISCORSO CRISTIANO SU DIO

Capitolo IV

IL RUOLO, L'USO E IL SIGNIFICATO
DELLA PAROLA «DIO»

Il ruolo della parola «Dio» nel linguaggio religioso cristiano.

Come già accennato nelle conclusioni del capitolo precedente la parola «Dio» è *centrale* per l'uso religioso del linguaggio. *Eliminando* la parola «Dio» dal linguaggio religioso, tutte le altre espressioni *cambiano significato*: esse perdono il significato religioso, pur mantenendo eventualmente un significato psicologico, sociologico, politico, etico, poetico ecc.

Tutte le *altre* espressioni, anche se non certamente tutte insieme, si possono eliminare o cambiare, *senza* che il significato religioso del discorso sparisca. Cambierà forse il tipo della religione: eliminando Cristo dal discorso cristiano, tale discorso non sarebbe più un discorso *cristiano*, ma potrebbe ancora essere un discorso giudaico.

Tutte le altre espressioni non solo del linguaggio cristiano, ma di *ogni* linguaggio religioso possiedono il loro significato *specifico* religioso per mezzo della loro *relazione*, diretta o indiretta alla parola «Dio»[1].

Per il discorso *cristiano* su Dio la parola «*Gesù*», che è un *nome proprio*, gode di una simile *centralità* e sostituisce sistematicamente la parola «Dio» in molti contesti. L'esempio più lampante è «Tre volte Santo» che si canta nell'Eucaristia: nell'Apocalisse di San Giovanni, dalla quale lo prende la liturgia, è proclamato di Gesù, ma in Isaia si riferisce a Jahwe[2]. Di

---

[1] Vedi sotto cap. V.
[2] Cfr. Is 6,3 e Apoc 4,8.

questo fatto linguistico si può fare un *argomento* per la divinità di Cristo dalla Sacra Scrittura!

Si noti però bene che la sostituzione della parola «Dio» con il nome proprio «Gesù» *non* è possibile in *tutti* i contesti. La dottrina cristiana della *Trinità* si sviluppa linguisticamente precisamente dal fatto di questa insostituibilità, quando per esempio Gesù stesso si rivolge al Padre. Una riflessione molto esplicita dal punto di vista logico e linguistico su questo tema si trova nella elaborazione della «*communicatio idiomatum*» da parte dei Padri della Chiesa [3].

L'uso e il significato della parola «Dio» nel linguaggio cristiano.

La funzione della parola «Dio» nel linguaggio religioso cristiano sotto molti punti di vista è simile a quella di un *nome proprio, senza* però che per questo motivo la parola «Dio» sia da considerare veramente un nome proprio come gli altri nomi propri.

Il problema

Secondo certe teorie logico-linguistiche le parole sono tutte dei *nomi.* O sono *nomi propri* di un unico individuo o sono *nomi comuni* o *generali* di una *classe* di individui [4]. La distinzione in nomi propri e *qualità* può essere considerata equivalente alla precedente, poiché le «qualità» — per esempio: «rosso», «pesante» ecc. — sarebbero nomi comuni di una *classe* di individui.

---

[3] Vedi per es.: Tommaso d'Aquino, *Lect. II* in 1 Cor 2 e *S. Th.* III. q. 16 a. 4.

[4] Vedi per esempio: John Locke, *An Essay Concerning Human Understanding*, III, 1-3; ma anche: Carnap, *La costruzione della realtà*, Milano 1966 e *The Logical Syntax of Language*, London 1951; e specialmente Russel, B., *The Philosophy of Logical Atomisme*; in: *The Monist* 1918.

«Onoma» in Aristotele e la sua definizione in *Peri hermeneias*, cap. 2 ha un altro significato. Cfr. anche Petrus Hispanus, *Summulae logicales*, Venetiis 1610, *Tractatus primus*, p. 17.

In tal caso i nomi propri sono degli '*indicatori*' e servono soltanto per *indicare* un oggetto singolare, ma non hanno nessun contenuto *informativo*, che ci possa dire di che tipo questo individuo singolare sia. Questo è invece la funzione dei nomi comuni; essi hanno un contenuto informativo, in quanto *descrivono* un oggetto *classificandolo*.

Se la parola 'Dio' fosse un nome proprio nel senso di questa teoria, allora non potrebbe avere nessun contenuto informativo. La conseguenza sarebbe che la parola 'Dio' si potrebbe usare solo per *parlare a Dio*, cioè per pregare, ma non servirebbe a dirci *chi è Dio*.

Dato poi che Dio è *unico*, cioè assolutamente singolare, non potremmo attribuire a Lui altri nomi *comuni* in quanto Egli non appartiene ad una classe di oggetti insieme a degli altri. Perciò potremmo parlare solo *a Lui*, ma mai *di Lui*, facendo catechesi, studiando teologia, enunciando proposizioni vere della fede ecc.

La parola 'Dio' è un nome proprio?

Secondo certi aspetti della sua 'grammatica di superficie'[5] la parola «Dio» nel suo uso cristiano sembra essere un nome proprio: la parola «Dio» si scrive con lettera iniziale *maiuscola* come i nomi propri. Non si usa, se non di rado, con l'articolo: «*il* Dio». Né si usa al *plurale*, né con l'articolo indeterminato: «*un* Dio», se non per le divinità pagane e in forma negativa: «Apollo non è un vero dio».

Dall'altra parte la parola «Dio» si *traduce* (Theos, Deus, Dio, God, Gott), mentre i nomi propri *non* si traducono, almeno non più dal momento che non sono più *descrizioni*, ma sono diventati nomi propri («Sitting Bull» = «Toro seduto»). Al massimo i nomi propri vengono *traslitterati* da una lingua all'altra, cioè conformati alle regole fonetiche, grammaticali e ortografiche dell'altra lingua: Mediolanum = Milano = Milan = Mailand; Karl = Carlo = Charles = Karel.

---

[5] Cfr. PU 664.

Che cosa è un nome proprio?

A questo punto bisogna chiedersi come realmente sono *usate* nell'uso che facciamo della nostra lingua quelle parole che comunemente chiamiamo «nomi propri»!

L'errore fondamentale di un'analisi linguistica unilateralmente determinata dalla *«grammatica superficiale»* e dalla *logica formale* e stigmatizzata da Wittgenstein[6] consiste nella considerazione *esclusiva* della *funzione indicativa* di certi nomi propri all'interno della proposizione singolare: «Socrate è mortale».

Invece quelle parole che generalmente chiamiamo «nomi propri» sono usati *non* per un'unica funzione, ma per un *intreccio di funzioni.*

Il nome proprio si usa per *indirizzarsi* ad una singola persona (vocativo latino).

Il nome proprio si usa per *parlare* ad altri di una singola persona (gli altri casi grammaticali).

Il nome proprio si usa per *identificare* una singola persona: «Questo è il Signor Rossi».

Il nome proprio si usa per *chiamare* una singola persona: «Vieni qui, Francesco!».

Il nome proprio viene usato per introdurre una persona singola ad altri o eventualmente anche se stesso, dandogli la possibilità di rivolgersi a lui: «Vi presento il Signor Rossi»; «Io sono Giovanni Tal dei Tali».

In più i nomi propri si usano anche in altre situazioni e con altre finalità.

Già da questo breve esercizio di analisi dell'*uso* reale dei nomi propri, fatta nello stile di Wittgenstein, si vede quanto è riduttiva la posizione di Russell e di altri, alla quale abbiamo accennato sopra.

La funzione di un nome proprio è di servire a *tutti* questi usi *insieme*, specialmente per parlare *ad uno* in sua presenza e

---

[6] Cfr. sopra secondo capitolo, nota 19.

dello stesso, spesso in sua assenza. Non si può usare corretta-
mente un nome proprio, se non si sa che lo *stesso nome* deve
essere usato per le diverse funzioni soprannominate. Questo
vale anche là, dove per ragioni culturali linguistiche si usano
espressioni diverse in contesti diversi, per esempio: «Il capo di
stato della Repubblica Italiana», «il Presidente», «il Senatore
Scalfaro», «Oscar». In questi casi è necessario per un corretto
uso, che il riferimento delle diverse espressioni sia sempre lo
stesso.

In certe situazioni un nome proprio può servire anche per
comunicare delle informazioni. Ho dato, per esempio, delle informazioni su Francesco Rossi, sconosciuto, e poi lo presento a
qualcuno, dicendo: «Questo è Francesco Rossi». In tal caso l'*uso*
del nome proprio è informativo, anche se resta vero che non è il
solo nome «Francesco Rossi» a dare quest'informazione.

Nonostante tutto questo resta vero che la parola «Dio»
come è usata dai cristiani e da tutti coloro che credono in un
unico Dio, ha una somiglianza importante con i nomi propri: si
riferisce ad un *unico* oggetto, ma le *funzioni* della parola «Dio»
all'interno del linguaggio religioso cristiano sono *molteplici*, similmente alle funzioni dei nomi propri.

La parola «Dio» è un'espressione con riferimento unico.

Esiste un gruppo di espressioni, che non possono riferirsi
se non ad un *unico* oggetto. Oltre i nomi propri e la parola
«Dio» esso include anche altre espressioni linguistiche.

I nomi propri

Il tipo più noto di questo gruppo, e quello che, a cominciare da Aristotele[7], maggiormente è stato trattato nelle sue
proprietà logiche, di riferenza unica, è senz'altro quello delle
parole che normalmente chiamiamo «nomi propri» («Eigenna-
men», «proper names»). Essi servono, fra l'altro, a *identificare
un unico oggetto.*

---

[7] ARISTOTELE, *Peri hermeneias*, 2, 16a-b; *Poetica* 19-21.

In certe situazioni può verificarsi, però, che il semplice uso di un nome proprio non garantisca la sua funzione identificatrice di un unico oggetto, ma crei piuttosto degli equivoci. Alla mia università per esempio, ci sono *due* «Professor Huber». Allora bisogna aggiungere dei dati anagrafici, a cominciare dal nome di battesimo, aggiungere delle descrizioni, delle quali parleremo subito, o usare altri strumenti linguistici, per esempio: numeri, pronomi dimostrativi, indicazione gestuale ecc.

Bisogna aggiungere, che non si usano dei nomi propri per riferirsi a *tutti gli oggetti singolari*. Nomi propri si usano solo per persone, per certi animali domestici e per certi oggetti materiali: per le città e i paesi, per le stelle, i monti e i fiumi, per i tornado ecc. Quando ci si riferisce ad *altri* oggetti singolari, si usano *altri* strumenti linguistici di riferimento unico.

Le descrizioni complete

Descrivendo un oggetto singolo per mezzo di diverse caratteristiche, delle quali ciascuna è *comune* ad una classe di oggetti, ma che nel complesso appartengono a questo oggetto *solo*, si raggiunge di fatto l'identificazione di un unico oggetto. Quanto complessa e estesa dovrà essere una tale descrizione non è un problema logico ma pratico. Una descrizione «logicamente *completa*» è una assurdità. La completezza pratica necessaria dipende dal contesto e dalla situazione e non si può determinare a priori. Può bastare dire: «Dammi il libro giallo!» se nella stanza fra tanti libri c'è solo un *unico* libro giallo.

I pronomi personali singolari

«Io», «tu», «lui», «lei», se sono usati in senso concreto, hanno un unico riferimento. La loro funzione linguistico-grammaticale è quella di sostituire in certi contesti i nomi propri. Per questo vengono chiamati «pro-nomi»! Se sono usati, come avviene in filosofia, in senso astratto («*l'io*», «*il tu*» ecc.) allora generalmente perdono la funzione identificatrice.

Il numero cardinale «uno»

L'uso della parola «uno» garantisce la *singolarità*, e perciò un riferimento unico, ma non serve per la identificazione, perché ogni singola cosa è una. Per questo in logica si distingue specialmente la proposizione singolare dalle proposizioni universali e particolari.

I numeri ordinali

«*Primo*, «*secondo*», «*terzo*» ecc. hanno un riferimento unico e servono per la identificazione di un unico oggetto, se riferiti a una *determinata* classe di oggetti, o esplicitamente o per il contesto e la situazione. Lo stesso vale per la parola «*unico*».

I numeri cardinali in astratto

I numeri cardinali in modo astratto e assoluto in certe parti della matematica sono dei nomi propri del rispettivo numero o anche del rispettivo insieme astratto: «il due», «il sei» ecc.

Non da *soli*, ma *insieme* con altre espressioni linguistiche hanno un riferimento ad un unico oggetto le espressioni linguistiche seguenti:

I pronomi dimostrativi

Lo strumento linguistico più generale, ma anche fondamentale per riferirsi ad un oggetto singolare e perciò concreto è l'uso dei *pronomi dimostrativi* insieme con un nome generale di classe: «*questo cane*», «*quest'uomo*» ecc. Già Aristotele identificava in questo modo di parlare il modo fondamentale di parlare *di qualcosa di determinato*: «tode ti», «hoc aliquid», «questo tale». A partire da questo modo di parlare *della* realtà Aristotele poi arriva alla necessità della «prote ousia», la «prima substantia», che a differenza della «deutera ousia», cioè della «substantia secunda» o della «essentia» espressa nel «ti», «aliquid», «tale», cioè con un termine universale, è l'unica realtà concreta.

I pronomi possessivi

In certi contesti il riferimento unico è garantito per mezzo dell'uso dei pronomi possessivi «mio», «tuo», «nostro» ecc. come per esempio: «a casa nostra», «tuo padre» ecc. Anche l'articolo determinato «il», «la» se usato in senso assoluto può funzionare in questo modo: «*il* padre», «*la* casa» ecc.

Titoli e nomi di funzioni unici

In certi contesti, titoli e nomi di funzioni, per esempio «re», «padrone», «padre», ma anche «medico», «professore», «pastore» ecc. hanno un riferimento unico, perché in questo contesto per varie ragioni esistono una sola volta. Eventualmente questi titoli o nomi di funzione sono da qualificare con l'articolo determinativo «*il* pastore», o meglio ancora col pronome possessivo «*mio* padre», «*nostro* re», «*nostra* roccia», «*mio* rifugio». Qualche volta la funzione è unica per se stessa: «il Re», perché non c'è un altro.

La singolarità della parola «Dio» in contesto monoteistico

Anche la parola «Dio» come è usata in contesto *monoteistico* è di riferimento unico e fa, sotto questo aspetto, parte di questo gruppo di parole.

Si spiega così la somiglianza di grammatica di superficie della parola «Dio» con i nomi propri, della quale abbiamo parlato sopra. Ambedue appartengono alla classe delle parole con un'unico riferimento. Le somiglianze sono però di diverso tipo a seconda delle *diverse* sottoclassi delle parole a riferimento unico sovraindicate.

In questo contesto sono d'importanza speciale certe somiglianze della parola «Dio» con altri termini di riferimento unico sovraindicati.

Ci sono *per primo* i termini usati dalla Sacra Scrittura quando parla di Dio. Ci sono i «*titoli di Dio*» nell'Antico Testamento: «Signore», «Re», «Pastore» ecc., ma anche «il Santo d'Israele» ecc., e i «titoli cristologici» di Gesù, che sono, oltre molti di quelli dello stesso Antico Testamento: «il Cristo», «il

Messia», «Salvatore», «il Redentore», «il Figlio dell'uomo», «il Figlio di Davide», «il Figlio» (in assoluto), «il Figlio di Dio», «il Figlio del Padre» ecc. Già da qui nasce il discorso teologico-filosofico «De divinis nominibus» dall'Areopagita a Occam ed oltre: Dio ha bisogno di un nome, perché è unico; ma Dio non ha un nome come le persone di questo mondo, che sono uno distinto dagli altri. Dio ha tanti nomi, che riferiscono tutti allo *Stesso*[8]. Questa problematica è poi continuata nell'Apologetica e nella «Theologia fondamentale» nel capitolo tradizionale dei «Titoli cristologici».

Dall'uso linguistico della Sacra Scrittura, specialmente dall'Antico Testamento nasce anche la riflessione sull'uso dei *pronomi* personali per Dio. L'Antico Testamento spesso evita di proposito non solo la parola «Jahwe», praticamente vietata dal Secondo Comandamento, ma anche le sue altre espressioni linguistiche, sostituendo «Dio» con un pronome: «*Egli* ha fatto meraviglie» ecc.

L'uso dei *pronomi personali*, specialmente del «Tu», con la maiuscola, ha un fondamento biblico nelle preghiere, specialmente nei salmi, ma viene elaborato speculativamente di più dai filosofici-teologi ebraici moderni di orientamento personalistico, cioè da Rosenzweig, Buber, Levinas ed altri. Ma ci sono precedenti storici per questo uso dei pronomi personali per Dio, almeno per l'«Io», in Agostino, Cartesio e Kant.

In questo contesto è molto importante il fatto che anche il termine «universo» è un termine di riferimento unico. «L'Universo» anche nella cosmologia contemporanea è una «singolarità»[9]. «Universo» o anche «mondo» è un termine di riferimento unico perché è un termine totalizzante o, come dice Kant una «idea» della ragion pura. Proprio per questo anche il

---

[8] Cfr. TOMMASO D'AQUINO, *S.T.I.* q. 13 a. 2-11. – OCCAM, S. L., I, 63; Quodlibet III q. 2. – SUAREZ, *Disp. Met.* XXX sect. 6; *De divina substantia*, lib. I, cap. 10-14.

[9] Cfr. KANITSCHEIDER, B., *Kosmologie*, Stuttgart 1984 (con una estesa bibliografia); HAWKING, ST. W., *Eine kurze Geschichte der Zeit*, Rowohlt, Hamburg 1988, p. 72 e passim.

termine «Universo» ha una specifica somiglianza logica con il termine «Dio», che già prima di Kant[10] aveva indicato il Cusano[11]. Ma su questa problematica torneremo nel quinto e specialmente nel settimo capitolo.

Conclusione.

Tutto quello che abbiamo detto in questo capitolo, evidentemente, *non* solo non costituisce una *definizione* del termine «Dio», ma non dà ancora *nessun contenuto* a questo termine. Abbiamo esposto il significato del termine «Dio» solo nel senso della sua *importanza* centrale per il linguaggio religioso cristiano e della sua funzione *logica* come termine di riferimento unico. Il significato *contenutistico* del termine «Dio» per mezzo dei suoi *attributi* e il modo *speciale* del loro uso lo tratteremo nel capitolo seguente. Torneremo però nell'ottavo e ultimo capitolo ai «Nomi» di Dio, quando parleremo della *centralizzazione* dei vari orizzonti dell'apertura trascendentale dell'esperienza e del pensiero umano verso Dio.

---

[10] KANT, KRV A 367-394: Dialettica trascendentale; primo libro: *Sui concetti della ragion pura.*

[11] NICOLAUS VON KUES, *De docta ignorantia*, II, 4. 112ss.

CAPITOLO V

LA LOGICA DEGLI ATTRIBUTI DI DIO

Il ruolo e il significato della parola «Dio», come la usano i cristiani, ma anche altri, non si spiega riflettendo soltanto su questa sola parola. La parola «Dio» è sempre usata in qualche contesto. Lo è perfino, quando dico soltanto «Oh Dio!». Perciò, per determinare non soltanto il significato di quello che i cristiani dicono di Dio, ma proprio per capire il significato della stessa parola «Dio», bisogna analizzare *quello che si dice di Dio*, cioè come sono usate le *diverse parole* del linguaggio umano quando sono usate per parlare di Dio, e quale significato *specifico* acquistano quando sono usate per parlare di Dio.

Con quest'indagine torniamo ad un discorso già iniziato nel capitolo precedente, ma molto antico; cioè al *«De divinis nominibus»*, dall'Areopagito fino ad Occam ed oltre[1].

Infatti, come tutte le parole, anche quelle che sono termini di riferimento unico[2], la parola «Dio» non si usa isolatamente ma come *argomento* di funzioni logico-linguistiche. Si dice qualcosa di Dio e lo si fa in diversi modi, anche dicendo qualcosa a Dio, cioè pregando. In tutti questi modi di parlare di Dio si usano, in vari modi, altri termini come *attributi* connettendoli con il termine «Dio».

Nel nostro contesto prendiamo in considerazione specialmente *proposizioni* che contengono in vario modo, anche se prevalentemente come soggetto, il termine «Dio»; ma quello che andiamo a dire vale ugualmente anche per questioni, domande, richieste ecc. che contengono il termine «Dio».

---

[1] Cfr. sopra quarto capitolo, nota 8.
[2] Cfr. il capitolo precedente.

«*Attributo*» qui si intende in senso logico, cioè come ogni *predicato* (funzione) che può essere unito con il soggetto (argomento) «Dio» come questo argomento è stato determinato nel capitolo precedente.

Gli «attributi», cioè i predicati di «Dio» possono essere linguisticamente dei

sostantivi: «Dio è il re universale», «Dio è il padre di tutti», «Dio è l'Assoluto» ecc.;

aggettivi: «Dio è buono», «Dio è unico» ecc.;

verbi: «Dio ci ama», «Dio ci ha salvato», «Dio si è fatto uomo».

Il riferimento a Dio può essere diretto: «Dio è buono», ma anche indiretto: «La bontà di Dio» o anche «Chiedere a Dio».

Tutti questi attributi possono essere usati sia in *proposizioni* affermative o negative (professione di fede, dogmi, detti teologici, preghiere di lode ecc.), sia in *questioni, richieste* (preghiere) ecc.

Distinguiamo solitamente attributi diretti e concreti, che sono di *primo grado*: «Padre», «giusto» ecc. e attributi formali, che sono di *secondo grado*, perché implicano una riflessione esplicita sul *modo in cui* si parla di Dio: «trascendente», «unico», «trino» ecc. Vedremo però che questa distinzione non è una distinzione adeguata[3].

Sia gli attributi di primo grado, sia quelli di secondo grado possono essere o di ordine *naturale*: «giusto», «trascendente» ecc. o di ordine *sovrannaturale*: «Figlio», «Spirito Santo», «trino» ecc. Anche questa distinzione evidentemente non è adeguata[4].

La struttura fondamentale del passaggio analogico dal significato *umano* a quello riferito a *Dio* si espone nel caso degli attributi *naturali di primo grado*.

---

[3] Vedi sotto: «Gli attributi ›formali‹».

[4] Il termine «padre» si dice di Dio non solo in un contesto cristiano! Cfr. nota 14.

Gli attributi «naturali».

Il «modello»

Quando parliamo di Dio usiamo necessariamente parole della nostra rispettiva lingua che già conosciamo e che dentro questa lingua hanno un significato, vengono cioè usate, però senza le sfumature specifiche che acquistano quando — le *stesse* parole! — sono usate come funzioni per l'argomento «Dio»[5]. Questo significato *non religioso* di una parola costituisce il *modello* per il suo uso quando si parla di Dio.

Più precisamente detto «*modello*» qui si intende in un senso molto simile a quello usato da Ian T. Ramsey[6], come *il significato conosciuto comune umano di una parola usata nel linguaggio*[7], che permette di passare ad un significato simile, ma meno comune e non del tutto conosciuto.

Come attributi di Dio dobbiamo[8] evidentemente usare parole *esistenti* nelle lingue umane. Ma *non tutte* le espressioni linguistiche possono essere usate come attributi di Dio, ma solo quelle che hanno certe caratteristiche. Le espressioni linguistiche usate come attributi di Dio debbono essere

primo: di connotazione valutativa *positiva;*

---

[5] Questo vale anche *indirettamente* per delle parole appositamente coniate per parlare di Dio. Il «possest» inventato come attributo esclusivo di Dio dal Cusano, presuppone il significato normale del latino «posse» («potere») e «est» («lo è») per dire di Dio solo che «Lui è tutto quello che può». Cfr. Nicolaus Cusanus, *De possest*.

[6] Ramsey, Ian T., *Religious Language; An Empirical Placing of Theological Phrases*; SCM Press, London 1957. Specialmente: Cap. II: *Some Traditional Characterization of God: Models and Qualifiers*; pp. 49ss.

[7] Ramsey, però non parla di «significato di una parola», ma di «situazione»: «A 'model' ... is a situation with which we all are familiar, and which can be used for reaching another situation – with wich we are not so familiar; one which, without the model, we should not recognize so easily». Ma lui stesso usa come esempi «causa», «sapiente», «buono» e «creazione». Cfr. Ramsey, *o.c.*, p. 61ss.

[8] «Dovere» qui e in seguito è evidentemente inteso nel senso di una *regola linguistica* («Sprachregelung»).

secondo: di significato analogico orizzontale, cioè al livello di significatezza *umana;*
terzo: di significato *graduabile* già al livello umano.

*Le espressioni linguistiche usate come attributi di Dio debbono essere di valore **positivo**.*

Per poter essere usata come attributo di Dio una espressione linguistica deve essere di *significato positivo*, cioè esprimere un *valore*, che può essere di ordine morale («giusto» ecc.), sociale («re», «signore» ecc.), vitale («vivo» ecc.), perfino economico («ricco» ecc.)o anche altri valori. Espressioni di disvalore per Dio si possono usare solo negandole: «Dio *non* è cattivo», «Dio *non* è suddito a nessuno» ecc.

Bisogna però stare attenti al contesto linguistico sia generale sia particolare, che determina la connotazione valutativa *mutevole* delle parole: la parola «padrone» per esempio, ha cambiato connotazione da positiva in negativa. In certi contesti di gruppo, per esempio, là dove la maggior parte dei figli sono abbandonati dal padre, perfino la parola «padre» può non godere di una connotazione valutativa positiva. La connotazione positiva è *sempre ricuperabile* e in certi casi è necessario ricuperarla, come nel caso della parola «padre»: «Vorrei avere un tale padre anch'io!». È possibile perfino dare, quasi per assurdo, anche ad una espressione linguistica di connotazione comunemente negativa una connotazione positiva: «Il Verbo si è fatto carne»[9], «Cristo umiliò se stesso facendosi obbediente fino alla morte»[10], «Dio è morto» ecc.

Espressioni, per così dire *neutrali*, come «rosso», «pesante», «lungo» ecc. che non hanno nessuna connotazione valutativa, non possono servire come attributi per Dio.

L'esclusione di espressioni linguistiche di valutazione negativa si rispecchia nella *proibizione morale della **bestemmia**.* L'esclusione di espressioni neutrali invece si rispecchia nella proibizione della *magia* e della *superstizione pagana*.

---

[9] Gv 1,14.
[10] Fil 2,7.

*Le espressioni linguistiche usate come attributi di Dio debbono avere un significato **analogico** al livello semantico comune, cioè **orizzontale:***

Solo espressioni linguistiche che godono *già nell'uso non religioso* di un significato *analogo* possono essere usate come attributi di Dio, per esempio: «buono», «uno», «giusto», «ricco» ecc. ma anche «padre», «figlio», «spirito» ecc. Questo *esclude* tutti i termini tecnici e perciò univoci delle terminologie speciali, per esempio delle scienze, della tecnica, dell'economia e della politica.

È però possibile che un termine tecnico univoco abbia acquisito o riacquisito un significato analogo, per esempio: «energia» o «liberazione». Ma è possibile anche che un termine abbia perduto il suo significato analogo. Basta pensare al «motore immobile».

L'uso successivo analogo *verticale* per mezzo della sua *qualificazione all'infinito*, della quale parleremo qui di seguito, *presuppone* così un uso analogo orizzontale dello stesso termine in contesto non-religioso. Questo fa sì, che proprio il linguaggio della fede presupponga e *protegga* la pluridimensionalità della lingua e della vita umana contro ogni totalitarismo scientifico o politico[11].

*Le espressioni linguistiche usate come attributi di Dio debbono avere un significato **graduabile** al livello semantico comune:*

Questo in genere è implicito nella analogicità orizzontale di un termine di connotazione valutativa positiva. L'importanza di questa *graduabilità* la vedremo subito nel punto seguente di questo capitolo.

La qualificazione del modello[12]

Il «modello» positivo e analogo, preso dal linguaggio comune non-religioso ha bisogno di essere *qualificato*[13]. Questo

---

[11] Cfr. CARLO HUBER, *Zeichen Gottes – Zeichen der Kirche*; in: WILHELM SANDFUCHS, *Die Kirche*; Vlg. Echter, Wuerzburg, 1978; pp. 11-24.

[12] Cfr. RAMSEY, *o.c.*, p. 62.

[13] Il termine «qualificazione» è introdotto da RAMSEY in analogia al termine logico di «quantificazione», con il quale ad un termine qualsiasi «T»

avviene per passi progressivi fino all'infinitizzazione del significato del termine in questione.

— Il termine in questione deve essere usato in modo *comparativo*: «*più* buono», ma anche «padre di più figli».

— Il termine in questione deve essere usato in modo *progressivo*: «*più buono – più buono – più buono.....!*» ma anche «padre di più e più figli!».

— Il termine in questione deve essere usato in modo *negativo:* «*non buono* **come gli altri buoni**», ma anche «non padre come gli altri padri».

— Il termine in questione deve essere usato in modo *asintotico*[14]: «*infinitamente* più buono», ma anche «padre di tutti sotto tutti gli aspetti possibili»[15].

Questo vuole dire che la differenza dell'«infinitamente più buono» dall'ultimo precedente «più buono» non si può più indicare in modo determinato, cioè finito, perché la distanza da quello è essa stessa *infinita*.

— Il termine in questione deve essere usato in modo *trascendente*: «*infinitamente buono*», ma anche «Padre eterno». Il che vuol dire che «l'infinitamente buono» *non* è l'ultimo e il massimo della *serie* della bontà, ma è infinitamente *aldilà* di tutta la serie[16].

L'infinitizzazione del modello

«*L'infinitizzazione*» del significato di un termine si trova non soltanto nel linguaggio religioso, ma come pienamente ac-

---

viene data o una quantificazione *esistenziale* (T = «esiste almeno uno che è T»), che è simile ma non identica alla quantificazione *particolare* della logica classica, o una quantificazione *universale* (T = «per tutti i T»). Ma la *qualificazione* di RAMSEY nel caso dell'uso di un termine per Dio è quella della *infinitizzazione* del significato.

[14] Il termine «*asintotico*» è preso in analogia dalla geometria della iperbole, cioè di una curva che si avvicina sempre di più a una retta, il suo «asintoto» che però raggiunge solo all'*infinito*.

[15] Cfr. OMERO, «Pater theon te kai anthropon».

[16] Cfr. PLATONE, *Simposio* 209e-211c; TOMMASO D'AQUINO, *S. T.*, I. q. 2, a. 3.

cettato anche in altri campi linguistici. Nella matematica, per esempio, il «*limite*» è un termine non solo pienamente accettato ma, per certe parti della matematica, indispensabile. Anche le regole per il suo uso sono elaborate e accettate: Il 3 è il limite di 2,99999... Il cerchio è il limite del poligono. Questa infinitizzazione del significato non manca neanche in altri campi linguistici, anzi essa è abbastanza frequente in poesia. Anche nell'estrapolazione di certi termini nelle scienze esatte si possono scorgere certe somiglianze parziali, cioè di una graduazione verso un limite non preciso. Evidentemente il passaggio al limite è più elaborato in matematica.

L'infinitizzazione toglie certamente la possibilità di indicare precisamente il passaggio dalla graduazione progressiva al limite stesso e la distanza del limite da ogni momento precedente, essendo questa distanza stessa infinita. Ciò nonostante la direzione del significato infinitizzato resta determinata: il cerchio è il limite del poligono regolare, non del rettangolo non equilatero; questo sarebbe l'ellisse. Così anche «l'infinitamente giusto» e «l'infinitamente misericordioso» non coincidono concettualmente. Coincidono nel *soggetto* divino e coincidono in Lui in modo semplice senza composizione e divisione. Ma questo modo per noi resta incomprensibile.

Gli attributi «rivelati».

Per gli attributi rivelati, specialmente per gli attributi trinitari, bisogna fare logicamente una *seconda* infinitizzazione, quasi a *rovescio*, come una *restrizione*.

«Padre»

«Padre di tutti», *ma* «Padre specialmente del suo popolo eletto»; più specialmente ancora: «Padre del re (Davide) e della sua casa, «padre del giusto» ... Poi in senso specialissimo: «Padre di Gesù» (Gv 20,17) ... «Padre unico (eterno) del suo Figlio unico (eterno)».

«Figlio»

Avviene il processo *correlativo* a «Padre»: «tutti figli dell'unico padre divino» ... «l'unico figlio (eterno) del Padre unico (eterno)».

«Spirito»

Il *doppio* procedimento è da fare sia a partire dal significato scritturistico di «Spirito» («ruah», «pneuma»), che *non* è il significato consueto nelle nostre lingue, sia dal significato attuale *nelle* nostre lingue: spirito (mentalità) di una persona, di un popolo, di un'epoca ..., facendo prima l'infinitizzazione e poi la restrizione su Cristo e sul Padre.

Il significato specifico degli altri termini di contenuto rivelato

In seguito alla necessaria *infinitizzazione*, bisogna spiegare il loro significato in relazione al significato *«riduttivo»* dei termini trinitari.

Gli attributi «formali».

Certi termini che sono usati come predicati di «Dio» hanno, almeno parzialmente, un significato formale-grammaticale, cioè di «regola linguistica».

«Dio è buono»: di Dio, come già si è detto, si debbono usare soltanto attributi di valore positivo e di Lui si debbono negare attributi di valore negativo.

«Dio è unico»: la parola Dio non si usa nel plurale («dei»).

«Dio è infinito»: per i termini che si usano come predicati di «Dio» bisogna fare il processo di «infinitizzazione».

«Dio è trascendente»: per i termini che si usano come predicati di «Dio» bisogna andare al di là della serie infinita dell'infinitizzazione.

Il caso speciale di «Dio esiste».

Se «essere» viene preso in senso antico-medioevale come *perfezione*, allora è un attributo, cioè un predicato; allora anche all'attributo «essere» si può applicare il processo di *infinitizzazione* fino all'«esse subsistens», «actus (essendi) purus». Se «essere» è preso in questo senso come attributo graduabile, allora l'argomento ontologico di Sant'Anselmo a partire dal «id quod maius cogitari debet» e dal «id quo maius cogitari nequit» è possibile, ma non dimostra l'esistenza reale[17].

Se invece «essere» viene preso come «esistenza reale», allora *non è un predicato*, come già Kant sapeva, e bisogna trattarlo in un altro contesto[18].

Conclusione.

Quello che si dice di Dio, i «nomi di Dio», sono nomi umani, cioè parole che appartengono al linguaggio umano, ma quando li usiamo riferiti a Dio, il loro significato è qualificato all'infinito. In questo senso la «logica degli attributi di Dio» presuppone la normale logica del linguaggio umano, non la rende superflua e la contiene, ma si distingue anche da essa e la supera. La estensione dei significati umani all'infinito così garantisce non solo il significato religioso, ma anche, sia pure in modo ulteriore, quello specifico cristiano.

Non può essere altrimenti che la «logica degli attributi di Dio» determini direttamente anche il *funzionamento della comunicazione cristiana*, della quale parleremo nel prossimo VI capitolo.

L'estensione all'infinito del significato umano possiede poi anche un aggancio nella stessa esperienza umana, sul quale ci fermeremo nell'VIII capitolo.

---

[17] Cfr. Carlo Huber, *Considerazioni semantiche e logiche sul cosidetto argomento ontologico di Anselmo d'Aosto nel Proslogium*; in: *L'Attualità filosofica di Anselmo d'Aosta*; *Studia Anselmiana* 101, Roma 1990; pp. 11-23.

[18] Vedi sotto cap. VIII: La giustificazione del parlare su Dio in senso realistico.

CAPITOLO VI

IL FUNZIONAMENTO DEI «NOMI DIVINI» NELLA COMUNICAZIONE CRISTIANA

Quanto detto nel capitolo precedente non esaurisce la logica degli attributi di Dio, ma sviluppa, anche a costo di qualche ripetizione, in un nuovo capitolo che lo riprende sotto un'angolazione diversa, cioè quella della comunicazione.

I livelli di significato linguistico nella comunicazione cristiana.

Ogni comunicazione specificamente cristiana, per esempio la catechesi ma anche l'insegnamento della teologia ecc. si svolge a tre livelli linguistici distinti: quello umano, quello religioso e quello cristiano. Ciò vuol dire che la stessa parola (per esempio: «padre», «amore», «pace» ecc.) ma anche lo stesso simbolo (l'acqua, l'unzione, il pezzo di pane) hanno *tre* significati connessi fra di loro ma distinti: un significato umano-laico, un significato religioso trascendente e un significato specificamente cristiano. Ecco un esempio da una parola centrale del messaggio cristiano.

PADRE:

d i n a m i c a	**1. LIVELLO UMANO «LAICO»** *passaggio:* a) acquisizione del significato *positivo*. b) acquisizione del significato plurivalente, *analogo*. «*padre*» nel senso *quotidiano*.	d i n a m i c a
d i s c e n d e n t e	**2. LIVELLO TRASCENDENTE RELIGIOSO (AT)** *passaggio:* a) *universalizzazione*: padre di più, più ... più figli. b) *totalizzazione:* padre sotto più, più ... più aspetti. «*Padre*» di *tutti* sotto *ogni* aspetto.	a s c e n d e n t e
	3. LIVELLO CRISTIANO *passaggio:* *restrizione*: Padre più, più ... specialmente. «*Padre*» unico del suo Figlio *unico*, eterno; Padre di *noi, fratelli* del Suo Figlio *unico*.	

La doppia dinamica discendente e ascendente dal significato umano a quello cristiano e dal significato cristiano a quello umano.

Come si vede nello schema, esiste una doppia dinamica della comunicazione cristiana, specialmente della catechesi che riguarda i tre livelli linguistici. La dinamica fondamentale è la prima, discendente. Essa è *teologica* e discende dal messaggio cristiano alla sua comprensione e realizzazione umana. Dato che il messaggio cristiano arriva *a noi* in parole e, successivamente in simboli (sacramenti e altri), la dinamica discendente deve prolungarsi fino all'*esperienza* umana[1].

Questa dinamica *teologica* è fondamentale per la catechesi perché la fede non nasce dall'esperienza e dalla riflessione umana ma dall'ascolto della Parola di Dio.

La seconda dinamica sale dal significato umano delle nostre parole e, in ultima analisi, dall'esperienza umana fino all'ascolto e alla accettazione della Parola di Dio; la possiamo chiamare dinamica *pedagogica*[2].

Il catechista che *prepara* la catechesi, deve seguire la prima dinamica, quella *teologica*. In questo lavoro è necessario cominciare dal messaggio cristiano, che deve essere tenuto presente nella sua *globalità*, e non solo su temi particolari. Ma contemporaneamente è indispensabile che si arrivi al livello del significato umano, anzi dell'esperienza vissuta del bambino, del ragazzo, del giovane o anche dell'adulto.

Nella catechesi *pratica* prevale invece la dinamica *pedagogica ascendente*. Questo vale specialmente per una catechesi inserita in metodo educativo globale, dove la catechesi, o meglio l'educazione alla fede cristiana generalmente fa parte di altre attività o momenti di vita non specificamente religiosi[3]. Anche

---

[1] Di questo aspetto parleremo nel prossimo, settimo capitolo.

[2] Chiamare questa dinamica «pedagogica» è di tradizione antichissima: I Padri Alessandrini, specialmente Clemente d'Alessandria chiamano sia l'Antico Testamento sia la filosofia greca «paidagogos», una «pedagogia» da parte di Dio verso Cristo.

[3] Per esempio nel metodo scout ma anche nell'educazione alla fede in famiglia.

qui è da seguire *l'ordine* della dinamica. Per quanto possibile si deve cominciare dal significato umano conosciuto dall'interlocutore, portarlo all'infinito e infine concretizzarlo con il testo o il racconto biblico[4].

Una iniziazione cristiana *completa* ha bisogno di ambedue le dinamiche della catechesi: di quella ascendente dall'uomo a Dio e di quella discendente da Dio all'uomo. Nei vari momenti della progressiva educazione ad una fede personale e matùra può prevalere o l'una o l'altra. Nella catechesi parrocchiale, e ancora di più nell'insegnamento scolastico deve prevalere la dinamica teologica discendente. Nell'educazione alla fede all'interno dei gruppi giovanili, ma anche in famiglia prevarrà generalmente la dinamica pedagogica ascendente.

La necessaria complementarietà delle due dinamiche della catechesi è la ragione per cui un'educazione *globale* alla fede ha generalmente bisogno di «agenzie» diversificate e distinte: della parrocchia, della scuola, del gruppo giovanile e della famiglia. Un'«agenzia» eventualmente deve supplire alla mancanza di un'altra, ma è da evitare assolutamente il «monopolio egemonico» sia del gruppo di un movimento, sia della parrocchia, sia della famiglia. Ugualmente deleterio è il tentativo di crearsi l'«*alibi*»: «A questo penserà la scuola delle suore o la parrocchia!».

Esposizione esemplificativa di questi tre livelli di significato linguistico.

Il livello di significato umano «laico»

Le parole, ma anche i simboli che si usano in contesto di fede cristiano e perciò nell'educazione alla fede e nella catechesi, prima di avere un significato religioso e cristiano hanno un *significato profano*. La ragione è semplice: un significato religioso, ad esempio «grazia», cioè «aiuto divino», non può esse-

---

[4] Spesso con i bambini è più utile *raccontare* un evento biblico che leggerlo.

re spiegato direttamente: «Dio nessuno l'ha mai visto»[5]. Perciò, il significato religioso può essere introdotto nel linguaggio umano solo indirettamente, cioè a partire da significati profani ed in analogia ad essi. Evidentemente non si tratta necessariamente dell'uso delle stesse identiche parole: «grazia» si può spiegare per «aiuto», come «pregare» si può spiegare per «chiedere» ecc. Le parole usate prevalentemente o esclusivamente in campo religioso cristiano («grazia», «penitenza», «sacramento», «messa», «chiesa» ecc.) hanno particolarmente bisogno di un recupero del significato profano analogo, a partire dal quale possono essere spiegate. Altrimenti non vengono affatto comprese, come purtroppo avviene abbastanza frequentemente nel nostro contesto storico e culturale. Per questo, nello svolgimento di un qualsiasi tipo di catechesi, questo significato profano generalmente deve essere presentato in maniera esplicita e consapevole. Questo «passaggio» deve generalmente costituire la *prima* tappa di ogni catechesi[6].

Le espressioni che usiamo in contesto di fede e di catechesi hanno, a livello del loro significato profano, un *significato polivalente*. «Amare», «aiuto», «perdono» ecc. non sono termini univoci e non significano una sola cosa, ma hanno molti usi, senz'altro collegati tra di loro: sono termini *analoghi*. Anche la parola «padre» non significa solo il padre in senso biologico, ma si riferisce alle funzioni molteplici di questa figura che chiamiamo «padre», ad esempio «padre del popolo», «padre adottivo», «padre spirituale» ecc. È solitamente necessario recuperare ed esplicitare questa polivalenza per superare la frequente *unidimensionalità* del linguaggio giovanile: «amare» significa spesso per loro una sola cosa; come «aiutare» significa «dare soldi» ecc.

È poi necessario stare attenti che le espressioni, che si riferiscono in qualche modo a Dio, abbiano una *connotazione po-*

---

[5] Gv 1,18.
[6] Si può evidentemente cominciare, a modo di «terapia shock», con il significato più lontano, per esempio «penitenza», affinché l'interlocutore realizza che non capisce proprio niente o fraintende!

sitiva; nel caso contrario questa connotazione positiva deve, eventualmente, essere riacquisita. Ad esempio, se la parola «padre» è carica di emozioni negative, bisogna prenderne coscienza. Solo così potrà essere successivamente ricuperata in senso positivo. «Quale tipo di padre vorresti avere?», «Dio è un padre diverso»[7]. Altri esempi per questo problema sono: «umiltà», «obbedienza», «padrone – signore», «servo»[8] ecc.

Il livello di significato religioso trascendente

Per essere usato per Dio il significato di una espressione deve poter aumentare gradualmente *all'infinito:*

«*signore*»: → «signore di tutto il popolo → per sempre → signore di tutti i popoli → signore di tutte le creature → sotto tutti gli aspetti possibili»;

«*padre*»: → «padre del popolo → padre capostipite → padre di tutti gli uomini → padre di ogni creatura → sotto tutti gli aspetti»;

«salvezza»: «Dio non *salva* solo da questo o quel pericolo, ma da tutti e definitivamente»;

«liberazione»: «Dio *libera* non solo dalla schiavitù politica, economica, dai complessi nevrotici ecc., ma dal peccato, da ogni mancanza di libertà»;

«*cibo*»: «*cibo* di vita *eterna*»; «*pane* per la vita del *mondo*», «*pane eucaristico*».

Senza questa espansione di significato della parola o del simbolo all'infinito, all'assoluto e totale, quello che ci viene raccontato di Cristo resta al livello *umano*: una bella storia fra tante altre. Solo se Cristo è *Dio*, di fronte a Lui devo scegliere fra vita e morte. Ma non è possibile passare *direttamente* dal livello umano profano a quello cristiano.

Questo è la ragione per cui il messaggio del Vangelo non può essere compreso senza la mediazione dell'*Antico Testamento*, di quella pedagogia cioè che ha fatto comprendere gra-

---

[7] Cfr. Lc 15,11-32.
[8] Cfr. Is 53; Lc 1,38.

dualmente il passaggio dal significato profano (religioso riduttivo) al significato religioso assoluto[9]. La pedagogia dell'Antico Testamento è perciò obbligatoria anche per noi oggi.

Per la catechesi si pone allora il compito dell'uso continuo
dell'Antico Testamento in modo competente. Il concetto di
Creatore e la figura del Padre devono essere presenti in maniera
chiara accanto alla figura di Cristo ed al concetto del Signore.

Il livello di significato cristiano

Per esprimere i contenuti specifici del messaggio cristiano,
il significato religioso e trascendente di certe parole e simboli
deve essere applicato o almeno messo in relazione a Cristo.

Questa applicazione costituisce un ulteriore passaggio linguistico, che cambia il significato delle parole e dei simboli in
questione: Cristo è Dio e perciò è vero di Lui quello che le parole significano quando sono dette da Dio.

Ma Cristo è anche un uomo come noi e perciò è vero di
Lui, quello che le stesse parole significano quando sono dette
da uno di noi, per esempio: vivere, amare, essere vicino, perdo-
nare ecc. Perciò nel linguaggio della catechesi bisogna tener
presente continuamente questo duplice valore di ogni parola e
simbolo che si rifà a Cristo, uomo e Dio.

Dio è il padre di tutti gli uomini e perciò anche il Padre
di Gesù. Noi tutti siamo figli di Dio e perciò anche Gesù è un
figlio di Dio. Ma già nell'Antico Testamento avviene una
graduazione nel significato di certe parole. Il re, il santo, il
«servo di Jahwe» ecc. sono figli di Dio in modo *speciale* e Dio
è Padre in modo *speciale* degli Ebrei, della casa di Davide,
del re, del santo, del profeta, del «servo di Jahwe». Gesù è
poi Figlio di Dio in maniera diversa da tutti noi, in modo
speciale e unico[10]. Da qui nasce il modo *nuovo* con cui anche
noi, fratelli di Gesù, siamo figli del Padre e tutti fra di noi in
un modo *nuovo* fratelli.

---

[9] Di questo aspetto parleremo ancora nel prossimo, settimo capitolo.
[10] Cfr. Gv 20,17.

Se non si fa questo passaggio dal livello religioso e trascendente a quello specificamente cristiano della dimensione di Dio, parlando di Cristo e conseguentemente di tutto quello che Lui ha fatto e che ci è riferito di Lui nel Vangelo, il significato profondo, assoluto e trascendente della fede e della vita cristiana rimane incomprensibile.

Al contrario, solo vedendo l'Assoluto e l'Infinito in Gesù, posso ritrovarlo anche nella Chiesa, nelle vicende storiche, nella mia vita e nel fratello[11].

---

[11] Per tutto vedi: AGESCI, AA. VV., *Progetto unitario di Catechesi*; Edit. Ancora, Milano, 1983, pp. 111ss.

TERZA PARTE

LA PRAMMATICA DELLA FEDE

CAPITOLO VII

ESPERIENZA, SIMBOLO E CONCETTO
E LE LORO FUNZIONI SPECIFICHE
NEL LINGUAGGIO RELIGIOSO

Esperienza – simbolo – concetto[1].

Il linguaggio e il significato di tutto quello che si dice, è collegato con l'esperienza umana, sia singola sia collettiva[2]. Questo vale anche, e in modo speciale per il linguaggio religioso cristiano.

Lasciando molti aspetti del problema della dipendenza concreta del significato del linguaggio umano dall'esperienza all'antropologia filosofica e alla psicologia scientifica, c'è però una dipendenza concreta del sapere concettuale dall'esperienza che è specialmente importante: quella che è necessariamente mediata dal simbolo. La trattiamo qui brevemente non solo per la sua importanza speciale per il linguaggio religioso cristiano, ma anche per la sua importanza generale.

L'esperienza

Come esempi di esperienza umana nel senso che qui ci interessa prendiamo dei casi molto comuni, semplici ma fondamentali:

avere fame e mangiare del cibo, per esempio del pane;
avere sete e bere dell'acqua;
sperimentare il buio e vedere la luce;
avere freddo e sentire il calore di un fuoco;
essere sporco e lavarsi.

---

[1] Cfr. C. Huber, *Critica del sapere*, 20.5, pp. 331-336.
[2] Cfr. C. Huber, *Critica del sapere*, cap. XX: La dipendenza del sapere umano dalla percezione sensibile e la trascendenza di essa sulla seconda; pp. 307-337.

Queste esperienze sono umane nel senso globale, cioè coinvolgono l'unità psicofisica umana come tale. Fame, sete, buio, calore ecc. si sentono corporalmente con i nostri sensi. Ma, affinché fame, sete, freddo, ecc., siano delle *esperienze*, l'uomo deve essere consapevole di esse, anche se in maniera assai diversificata.

Le esperienze sovraindicate sono esperienze specificamente *umane* non solo perché in noi sono generalmente consapevoli, ma anche per il loro contenuto.

Fame, sete, esperienza del buio e del calore, esperienza di bere e di mangiare, ecc., si trovano, evidentemente, anche in molti animali — non in tutti! — ma nell'uomo fanno parte di un comportamento non solamente naturale, ma sempre anche *culturale*. Si pensi alla preparazione dei cibi e delle bevande, alla diversità culturale di agricoltura, di cucina, delle abitazioni e dei vestiti, ma anche già all'uso del fuoco.

Detto in altre parole: le esperienze che noi, esseri umani facciamo, anche le più semplici e fondamentali, le abbiamo *imparate* a fare dentro un insieme di comportamenti umani, che solo in parte sono determinati dalla *natura* umana biologica e psicologica e che, invece, in quanto esperienze umane, dipendono ancora più da fattori *culturali*.

Queste esperienze, perciò, si inseriscono in una struttura di *significati*, che costituisce, per così dire, un «*testo*».

Le esperienze di sete, di fame, di luce, ecc. possono diventare **esperienze** particolarmente **forti**: dopo un lungo cammino senz'acqua si ha tanta sete, il primo bicchiere d'acqua è delizioso; dopo un giorno di digiuno si ha tanta fame e mangiando un tozzo di pane si scopre il gusto speciale del pane; dopo un lungo cammino si è molto stanchi, sudati e sporchi, facendo la doccia o, ancora meglio, tuffandosi nel mare si sperimenta la freschezza, la limpidezza, la dolcezza dell'acqua e vestendo dei vestiti puliti ci si sente nuovi, freschi, ringiovaniti.

Nonostante che le esperienze umane siano determinate da fattori culturali, esse *non* si possono «*comunicare*», ancora meno se si tratta di esperienze forti e profonde. Si può solo *raccontare* un'esperienza personale. Un altro ascolta il mio racconto, lo capisce e forse lo accetta come vero, ma *non fa* la stessa mia esperienza. Le esperienze si fanno in prima persona, anche se si possono fare in comune. L'esperienza personale in se stessa non è comunicabile[3].

Ascoltando un racconto dell'esperienza di un altro, io posso fare una esperienza anche forte e profonda per me, ma sarà sempre una esperienza *diversa* da quella che mi viene raccontata[4].

Quello che invece si può fare, e nell'educazione non solo religiosa ma anche morale regolarmente si deve fare, è creare delle condizioni e situazioni nelle quali per altri, specialmente per dei bambini e per dei giovani, diventa possibile fare le *loro* esperienze.

Il simbolo

Una mia esperienza forte di fame, sete, buio, ecc. può acquistare una profondità che supera l'aspetto normale di questa esperienza (ho fame o ho sete) se mi vengono veramente meno le forze in modo che ho paura, che capisco che morirò se non mangio e bevo. Allora tutta la mia esistenza dipende dall'acqua, dal pane, dal fuoco. Sono talmente sporco, puzzolente,

---

[3] Cfr. C. HUBER, *Critica del sapere*, pp. 114-118 e 137-141.

[4] Quest'ultima osservazione è di importanza cruciale per ogni accettazione di verità religiose e morali; per esempio per la comprensione e l'accettazione del racconto dei Vangeli. Ascoltare l'annuncio del Vangelo, specialmente quando viene pronunciato come «Parola di Dio», può, in certe circostanze costituire una esperienza religiosa forte e profonda, ma *non* lo è sempre necessariamente. Ma in nessun caso l'esperienza di quello che ascolta il Vangelo sarà quella esperienza che facevano gli apostoli quando, per esempio, incontrarono il Signore risorto. La fede ha come suo fondamento *non* la nostra esperienza, ma una testimonianza, che viene accettata come vera. D'altra parte, ogni accettazione di una fede religiosa, ma anche già una *reale* accettazione di un valore etico hanno bisogno di *esperienze personali*, che si possono chiamare anche «esperienze religiose», «esperienze di fede» o «esperienze morali», ma restano pur sempre *esperienze personali, incomunicabili* come tali, simili a delle esperienze «*sensibili*» umane globali e profonde.

straccione, che faccio schifo a me stesso e posso riacquistare la mia dignità umana solo lavandomi e vestendo altri vestiti ... Se non trovo un fuoco muoio di freddo.

In tale situazione non si tratta più di *questa* fame, questa sete, questa sporcizia; di *quest'*acqua, questo pane, questo fuoco ecc. ma di qualcosa di *totale*: questa fame, sete, ecc. viene a rappresentare *ogni* fame, anzi ogni desiderio. Questo pane, questo sorso d'acqua, questo fuoco *rappresentano* la vita, la felicità, ecc. Ho fame e sete di *vivere*, voglio essere *libero*, cerco di ritrovare *la giovinezza*.

In questo modo le mie esperienze forti e profonde acquistano un valore *simbolico*. La sete, la fame, l'acqua, il pane, il fuoco, ecc. non stanno più soltanto per se stesse. Esse *rimandano* ad *un'altra* cosa più grande, più profonda e totale: le esperienze hanno un *significato* che le trascende, anche se questo significato *non* è ancora percepito in maniera *riflessa e precisa*.

Se poi in una situazione di esperienza forte e profonda questa stessa esperienza è accompagnata da *parole* o da un *gesto* esplicito e consapevole, allora nasce un *simbolo vero e proprio*. Ad esempio arrivati ad una fontanella uno non beve per primo, ma offre da bere ad un'altro. L'ultimo pezzo di pane viene spezzato tra tutti in un gruppo.

In tal caso, il sorso d'acqua, il pezzo di pane, il fuoco vengono usati in maniera consapevole per esprimere qualcosa di più, di altro da se stessi. Ad esempio: «Il sorso d'acqua che ti do è un'espressione della mia amicizia». Il pane che spezziamo è simbolo della nostra comunità.

La differenza tra il valore di significato dell'esperienza forte, di cui abbiamo parlato prima, ed il simbolo vero e proprio non sta nella maggiore precisione e consapevolezza, ma nel fatto che il simbolo è *accompagnato da un gesto* e, per mezzo di questo gesto, è *inserito* in una sorta di *rito*[5].

---

[5] Si noti che qui non si tratta di significato o di simbolo specificamente religioso. Forza, profondità, e totalità di significato si trovano anche a livello umano profano e laico; anzi, in un certo senso, qui si trovano *prima*.

Questo inserimento in un rito conferisce al simbolo la sua *ripetitività*, che garantisce una *iniziale comunicabilità*, o detto meglio, una reale *partecipabilità*. Un simbolo è di natura sua *comunitario e intersoggettivo*. Esso vive non nella mente del singolo, come l'esperienza, ma in un gruppo costituito, sia esso anche piccolissimo. Ci sono, infatti, simboli di famiglia, anzi di una coppia di innamorati o anche di amici. Ma per essere intersoggettivo il simbolo deve già *nascere* intersoggettivo. Come i nostri esempi hanno mostrato, nella nascita di un simbolo anche da una esperienza quanto mai forte, c'è sempre l'intervento di un *altro*, che può essere anche un singolo. Ma quest'altro *non* interviene nella sua *pura* soggettualità, cioè *non* con la sua pura esperienza, ma come uno di un gruppo, dentro il quale si costituisce un rito o, come si potrebbe dire, si determinano le regole di un «gioco». Proprio per questo anche «io» non conto più con la mia pura esperienza e nella mia pura soggettualità, ma come «altro» di un altro. Questo non toglie all'altro la sua soggettualità, il suo essere un soggetto, un «io», e di esserlo anche per me e il mio esserlo per lui, è anzi la *condizione di possibilità* di ogni comunicazione intersoggettiva. Senza un mondo comune e comunemente vissuto di linguaggio e di simboli[6] un altro non può essere un altro «*io*» per me e io non lo posso essere per lui. O, detto di nuovo in altre parole: soltanto quando si comincia a giocare insieme secondo delle regole ci si costituisce come soggetto e si può comunicare *inter-soggettivamente*. Questo lo ha già elaborato con tutta la sua acribia EDMUND HUSSERL, nella sua famosa Quinta Meditazione Cartesiana. La costituzione del mondo per la coscienza è la condizione di possibilità per la costituzione di un altro «io» per questa coscienza[7]. Ne segue, che una relazione *immediata* fra due soggetti non è possibile e che la mediazione fra soggetti come tali non può essere di nuovo soggettuale ma è, innanzitutto, simbolicamente oggettiva.

---

[6] Questo non mette in dubbio che questo mondo sia reale, anzi lo presuppone.

[7] HUSSERL, E., *Cartesianische Meditationen und Pariser Vorträge*; Husserliana vol. I, Haag 1963.

Il concetto

Un'esperienza, anche forte e profonda, senza parole che la esprimono, non permette un confronto. Solo le parole che concettualizzano e generalizzano l'esperienza, la rendono realmente *comunicabile* e permettono un *confronto*[8]. Senza un concetto dunque un'esperienza mia non ha neppure un significato per me stesso: essa sparisce e la dimentico subito. Non ho perciò nessuna possibilità di *verificarla.* Ad esempio senza il concetto non si ha paura del *buio* o fame di qualcosa, non si ha neppure *fame*, ma soltanto una sorta di sofferenza.

Un *simbolo* perciò, senza un concetto non è compreso e perde la sua forza simbolica. I simboli hanno cioè bisogno di spiegazione. Sono le *parole* che danno loro un significato determinato inserendoli in un *contesto preciso di comunicazione.*

Per questo motivo il simbolo nato dall'esperienza acquista valore *universale* e può essere *ripetuto.* Ad esempio: dividiamo il pane tra noi come espressione della nostra amicizia anche quando *non* abbiamo fame e lo facciamo ogni volta che ci riuniamo.

L'applicazione al significato del linguaggio religioso-cristiano.

Secondo un famoso detto di KANT: «L'esperienza senza concetti è cieca; i concetti senza esperienza sono vuoti»[9]. Questo vale anche, anzi specialmente per il campo della religione, ed ancora di più per la fede cristiana, in quanto rivelata. Ma, dato che in questa vita *non* possiamo mai avere una esperienza *diretta* di Dio e perciò neanche di tutto ciò che è espresso nel significato specifico del linguaggio religioso, l'esperienza, che può dare in qualche modo un contenuto ai concetti del linguaggio religioso-cristiano, può essere soltanto quella profonda sopra descritta.

Proprio per la ragione appena data, cioè che dei contenuti specifici del linguaggio religioso e cristiano non possiamo avere

---

[8] La comunicabilità del simbolo è soltanto una comunicabilità *iniziale.*
[9] I. KANT, KRV A 51.

un'esperienza diretta, l'importanza del momento conoscitivo e significativo del *simbolo* per il linguaggio religioso in genere e specialmente per il linguaggio cristiano diventa *essenziale*.

Si ricorda però, che già a livello generale di conoscenza e significatività del linguaggio l'ordine necessario è il seguente: *esperienza – simbolo – concetto*, non quello: *esperienza – concetto* (idea) – (espressione per mezzo di un) *simbolo*. Il simbolo *non* è l'espressione di una idea o di un concetto per mezzo di un'astrazione dalla concretezza dell'esperienza, ma è la *mediazione dall'esperienza al concetto*.

A questo punto sarà di aiuto uno *schema*, simile a quello dato sopra per i tre *livelli di significato:*

FAME	PANE	MANGIARE

1. MOMENTO DELL'ESPERIENZA

passaggio:
si approfondisce (presa di coscienza) l'esperienza quotidiana:

fame forte *ultimo pezzo di pane* *gustare il pane*[10]

2. MOMENTO SIMBOLICO

passaggio:
si *esprime* un significato dell'esperienza vissuta:

fame forte *ultimo pezzo di pane* *spezzarlo con uno*

3. MOMENTO CONCETTUALE

passaggio:
si determina il significato del simbolo e dell'esperienza: (questo comprende perciò una iniziale riflessione sull'esperienza verso una verifica)

fame forte[11] *pezzo di pane* *spezzarlo con uno, dicendo: «Questo è un segno del nostro amore!»*

(colonna sinistra, in verticale: dinamica discendente — colonna destra, in verticale: dinamica ascendente)

---

[10] Gli esempi «ultimo pezzo», «spezzarlo», «amore» sono degli esempi fra tante altre possibilità.

[11] Nel momento concettuale l'esperienza immediata può essere lontana.

Nel caso del linguaggio cristiano la *mediazione* fra esperienza e concetto-parola *non* è una mediazione dall'esperienza al concetto, ma una *ri-mediazione **dalla** parola-concetto **all'**esperienza!* I significati specifici della fede cristiana ci sono dati attraverso un *messaggio*, una rivelazione, una *Parola*, cioè quella della Sacra Scrittura e della Tradizione[12].

Proprio per questo la funzione del simbolo per la comprensione del significato specifico del linguaggio cristiano diventa ancora più importante e indispensabile; si pensi ai sacramenti, ai riti e a tutta la liturgia. Avviene *attraverso* questi *simboli* che il messaggio di fede si collega con l'esperienza umana e si inserisce in essa. Bisogna però tenere presente la *doppia* funzione mediatrice del simbolo: quella che parte *dalla Parola* e quella che parte *dall'esperienza*.

Conclusione.

La funzione del simbolo per l'intelligenza umana è essenziale. La capacità simboleggiante dell'intelletto umano *libera* il pensiero da una dipendenza totale — solo ipotetica, perché non reale![13] — dall'esperienza e gli conferisce la sua *creatività*, da quella dell'arte fino a quella della matematica. Solo attraverso la mediazione del simbolo il pensiero umano è aperto all'infinito e alla trascendenza, il che vuole dire che si può pensare anche quello che non è sperimentabile; ma proprio per la mediazione simbolica il pensiero è *realmente* aperto all'infinito e alla trascendenza[14]. Ne segue che si può pensare Dio e si può parlare di Lui. Ma ne segue anche che per pensare Dio e per parlare di Lui si necessita della mediazione dei simboli.

Là dove il simbolo è un'*azione* simbolica («*dividere* l'ultimo pezzo di pane» ecc.) la chiarificazione concettuale spesso è data dalla situazione e non ha bisogno di parole.

[12] *Conc. Trid.* sessio IV (Denz. 1501): «hanc veritatem et disciplinam contineri in libris scriptis et sine scripto traditionibus».

[13] In questo consiste l'errore radicale di ogni teoria *empiristica* della conoscenza, specialmente poi quello della spiegazione del linguaggio di LOCKE. Cfr. *Essay Concerning Human Understanding*, Book III: Of Words.

[14] Mi pare che il limite del pensiero di Kant sta proprio in questo, che egli non ha visto la funzione simboleggiante dello *schema* sensibile. Cfr. I. KANT, KRV B 177ss.: *Von dem Schematismus der reinen Verstandesbegriffe*.

CAPITOLO VIII

LA GIUSTIFICAZIONE RAZIONALE
DEL PARLARE SU DIO IN SENSO REALISTICO

Introduzione.

Se la mediazione simbolica dell'esperienza al pensiero dà a quest'ultimo la sua libertà creativa, lo mette anche al bivio fra verità e falsità. Si può pensare quello che non esiste: quello che non esiste ancora ma anche quello che non può esistere. La Regina Rossa di Lewis Carroll, ogni mattina, già prima della prima colazione pensava sette pensieri impossibili[1]. Perciò ci si può sbagliare e si può mentire[2].

Questo vale evidentemente anche e in modo speciale per quello che si dice su Dio. La diversità delle religioni ne è la conferma palese. Il fatto che si può parlare di Dio, non garantisce l'esistenza di Dio. L'argomento òntologico per l'esistenza di Dio non è valido, né nella forma di Anselmo[3], né in quella di Cartesio[4] e ancora meno in quella di de Bonald: «Les hommes nomment Dieu, donc il est»[5]. L'esistenza del discorso cristiano su Dio non garantisce la verità della fede cristiana. Dall'altra parte non solo la fede cristiana ma anche le altre religioni pretendono che il loro discorso su Dio sia vero. Questo riguarda specialmente l'affermazione fondamenta-

---

[1] LEWIS CARROLL, *Through The Look'ing-glass.*

[2] Per UMBERTO ECO, *Trattato di semiotica generale*, p. 17 potere «essere usato per mentire» è la definizione del segno.

[3] ANSELMO D'AOSTA, *Proslogion*, cap. II e XV.

[4] DESCARTES, R., *Meditationes de prima philosophia*, Quinta meditatio; ed. AT VII. pp. 65ss.

[5] DE BONALD, M., *Legislation primitive*, 2e ed. Paris, Le Clere, 1817; tm. I. p. 379.

le di ogni religione, cioè che Dio esiste. Non può essere compito di un'analisi logica o fenomenologica *dimostrare* l'esistenza di Dio. Per tale impresa c'è bisogno di un altro metodo filosofico. Invece è compito proprio di tali analisi determinare quale *senso* e quale *importanza* ha «la dimostrazione dell'esistenza di Dio», e quale è il loro *ruolo* all'interno del discorso cristiano su Dio.

Il senso realistico del discorso cristiano su Dio.

Non c'è dubbio che quello che un cristiano credente dice su Dio, lo intende in senso realistico. Questo non riguarda solo i fatti *storici* essenziali della «storia della salvezza», specialmente quelli della vita, della morte e della resurezione di Gesù. Anche quello che si dice su Dio stesso è inteso in senso realistico; specialmente l'affermazione della sua *esistenza*[6]. Ogni «interpretazione» non realistica, psicologica, mitologica, filosofica ecc. cambia *totalmente* il significato di tutto il discorso, al punto che va persa proprio la specifica significatività *religiosa* del discorso[7].

D'altra parte il realismo del discorso cristiano su Dio *non* è un realismo *empirico*: nella frase «Dio esiste», ›esiste‹ non ha lo stesso senso che nelle frasi seguenti: «I canguri esistono» (in Australia) o «I dinosauri esistevano» (milioni di anni fa) oppure «Esistono particelle subatomiche» o «Lo stato Italiano esiste», ma neppure «Gli unicorni esistono» (nella favola) o «Esiste Apollo» (nella mitologia greca) o «Esiste Mowgli» (nella letteratura). La parola «esistere».è un termine *analogo*—. Parlare di Dio in senso cristiano, cioè realistico, significa accettare una realtà *metaempirica, non*

---

[6] Non importa che di fatto si dica piuttosto raramente «Dio esiste». La sua esistenza è sempre presupposta quando si parla di Lui.

[7] Vedi sopra IV cap.

[8] Così anche il termine «esistere» soddisfa la condizione di analogicità richiesta per un suo uso come «attributo» di Dio, anche se non è graduabile. Nel caso di «esistere» non si tratta però di un attributo in senso logico.

sensibile, non sperimentabile[9], ma ciò nonostante *reale e fattuale*[10].

D'altra parte, di nuovo, il significato realistico del discorso cristiano su Dio, specialmente l'affermazione dell'esistenza reale di Dio esige una connessione con l'esperienza, un aggancio ad essa. Questo aggancio all'esperienza è necessario per tutto il pensiero umano, che altrimenti si perde in fantasia.

L'aggancio analogico all'esperienza globale del discorso realistico su Dio.

Per l'aggancio analogico del discorso realistico su Dio all'esperienza umana *globale* dobbiamo tornare a quello che sopra si è detto sui *modelli*. Questa volta però non usiamo il termine «modello» per il significato linguistico di una *parola* conosciuta, ma per delle *situazioni*[11] speciali di *apertura di orizzonte*.

L'apertura di orizzonte.

C'è un fenomeno specifico della vita intellettuale umana che viene chiamato con nomi diversi, anche se di fatto si tratta dello stesso fenomeno, evidentemente in senso analogo: «apertura di orizzonte», prendendo da Husserl il termine «orizzonte»; «cambiamento di stato di coscienza», ispirandosi a Kant e alla psicologia; «conversione intellettuale», usando un termine della fede cristiana, ampliandolo però ad un uso analogo.

Si tratta però di un fenomeno abbastanza comune della vita e della crescita intellettuale umana. I. T. Ramsey lo chia-

---

[9] In questo senso *non* si può essere cristiano e contemporaneamente essere empirista totale, materialista, positivista o anche semplicemente negare la *possibilità* di ogni metafisica. Il che non vuol dire, che si debba studiare metafisica o accettare una determinata metafisica, per esempio quella aristotelico-tomista!

[10] Anche l'*esistenza* dell'*idea* di Dio non è sufficiente!

[11] Questo è anche il significato originale di RAMSEY. Vedi quinto capitolo, nota 7.

ma «disclosure» («l'aprirsi»)[12], ma anche «discernement»[13] («discernimento»[14]). Bisogna introdurre questo fenomeno e spiegarlo per mezzo di esempi:

Si incontra per la prima volta una persona, della quale si è sentito parlare molto e sulla quale si possiedono molte informazioni. Non si ricevono tanto delle nuove informazioni, ma *tutto* quello che si sa, acquista un nuovo significato.

Dopo aver ascoltato molti brani di musica si sente un brano speciale e si dice: «Adesso capisco Bach» o «la musica classica» o «la musica rock».

Si riesce per la prima volta a risolvere un certo tipo di problema matematico e si dice: «Adesso ho capito». Ed infatti, d'ora in poi si è capaci di risolvere altri problemi di questo tipo.

Ecc., ecc.

In questi e simili casi non si fa tanto una singola esperienza, ma *in* questa singola esperienza si capisce un *tutto*: si apre un nuovo *orizzonte*[15].

Questi fenomeni di apertura di un nuovo orizzonte hanno una certa somiglianza con le «*esperienze forti*» nelle quali nasce una ripetibilità simbolica e delle quali abbiamo parlato nel capitolo precedente. Questo fenomeno di apertura di un nuovo orizzonte o di cambiamento di stato di coscienza ha bisogno di *concettualizzazione* e di *verifica*, come lo hanno le esperienze forti sovraccennate. Una parte di questa verifica consiste nella possibilità di apprendere e di capire successivamente le regole coerenti del rispettivo gioco linguistico; nel nostro caso, le regole coerenti del discorso cristiano su Dio.

---

[12] Cfr. I. T. RAMSEY, *o.c.*, pp. 15ss.
[13] Cfr. I. T. RAMSEY, *o.c.*, pp. 16 e 19.
[14] «Discernimento» qui *non* va inteso come «discernimento spirituale» nel senso degli Esercizi Spirituali di Sant'Ignazio; anche se in fine vedremo una certa somiglianza.
[15] Questa esperienza ha per RAMSEY dell'*istantaneo*: «The penny drops», «it dawns» ecc. La somiglianza con l'«ex aiphnes» del Symposion 210e4 è molto interessante.

Gli orizzonti globali, onnicomprensivi e infinitamente aperti.

Evidentemente gli orizzonti usati come esempi di apertura d'orizzonte sono orizzonti *finiti e limitati.* L'orizzonte dentro il quale si può realisticamente parlare di Dio, anzi dentro il quale è possibile l'*atto di fede in Dio*, deve necessariamente essere un orizzonte *aperto e illimitato.*

Ci sono tali orizzonti illimitati per la loro natura: la propria vita[16], la coscienza[17], il sapere, la storia, l'universo; ma anche l'intersoggettività e il linguaggio, e specialmente la libertà. Sarebbe quasi meglio dire: questi orizzonti *possono e debbono* essere illimitati, perché spesso vengono concepiti come finiti e limitati. Bisogna mostrare la contradittorietà, anzi l'assurdità di una tale concezione[18]. Questo è possibile e costituisce un passaggio essenziale per l'apertura di un orizzonte, dentro il quale si può parlare realisticamente di Dio.

Apertura di orizzonte illimitato e universo semantico.

La problematica dell'apertura di un orizzonte illimitato si può vedere molto bene di nuovo nel contesto dell'argomento ontologico di Sant'Anselmo.

«Il vero ateo non nega Dio, ma non lo pensa affatto. Si muove in un diverso universo semantico, in un universo dove non c'è posto per il termine »id quo maius cogitari nequit« e »id quod maius cogitari debet«. Di fronte a questo ateo si tratta di dimostrare l'inevitabilità del vero concetto di Dio. Bisogna aprire un orizzonte nel quale la parola »Dio« abbia un uso possibile, anzi un uso necessario, e

---

[16] Ne è testimonianza — *non prova* — la credenza nell'immortalità dell'anima, della persona, della coscienza ecc.

[17] La fine, la «morte» della coscienza non è pensabile.

[18] Per il linguaggio e la libertà ho tentato di dimostrarlo in: CARLO HUBER, *Kirche: Zeichen Gottes – Zeichen der Freiheit*; in: WILHELM SANDFUCHS, *Die Kirche*; Echter Vlg. Würzburg 1978; pp. 11-24. Per il linguaggio vedi anche: CARLO HUBER, *Critica del sapere*; pp. 203-223.

mostrare che questo orizzonte è una condizione necessaria della possibilità di ogni parlare e di ogni pensare[19].

Precisamente questo ha fatto Kant rispetto all'ideale della ragion pura, cioè dell'idea di Dio, dimostrando che l'uso regolativo dell'ideale della ragion pura è una condizione necessaria della possibilità di ogni ragionamento[20].

Dato che un universo semantico è anche una realtà socio-culturale, il compito di cambiare, ampliare o aprire un tale universo è certamento un compito educativo e catechetico. Ma per questo l'apertura di una nuova dimensione del pensare non cessa di essere fondamentalmente un compito della filosofia[21].

Ma se è vero quello che dice WITTGENSTEIN: »I limiti del linguaggio sono i limiti del mio mondo«[22], allora un cambiamento da un universo semantico nel quale il termine »Dio«, o piuttosto »id quo maius cogitari nequit«, non ha né uso né senso, ad un altro universo semantico dove questo termine possegga un significato ed un uso, è un cambiamento di tutto il mondo e di tutta la vita.

Come è possibile un tale cambiamento? Wittgenstein dice ancora: »Il mondo del felice è un altro mondo che quello dell'infelice«[23].

E ancora: »Se la buona o la cattiva volontà cambia il mondo, allora può cambiare soltanto i limiti del mondo«[24].

---

[19] Per questo tipo di riflessione cfr. C. HUBER, *Kirche: Zeichen Gottes – Zeichen der Freiheit*; in: W. SANDFUCHS, *Die Kirche*; Würzburg, Vlg. Echter 1978, pp. 11-24.

[20] Cfr. I. KANT, KRV A 599-610: *Von dem transzendentalen Ideal (Prototypon trascendentale)*.

[21] Si capisce meglio così perché la Chiesa cattolica esige uno studio della filosofia per chi vuole studiare teologia con scopo pastorale e missionario.

[22] Tr. 5.62: «Dass die Welt meine Welt ist, das zeigt sich darin, dass die Grenzen der Sprache (der Sprache, die allein ich verstehe) die Grenzen meiner Welt bedeuten».

[23] Tr. 6.43: «Die Welt des Glücklichen ist eine andere Welt als die des Unglücklichen».

[24] Ibid.: «Wenn das gute oder böse Wollen die Welt ändert, so kann es nur die Grenzen der Welt ändern, nicht die Tatsachen; nicht das, was durch

Allora, il cambiamento dall'universo linguistico che non comprende il termine »id quo maius cogitari nequit« a quello che lo comprende sarà un atto morale e di libertà, che costituisce tutto un mondo? O sarà — *anche!* — un atto salvifico di Dio che redime e restaura il linguaggio dalla caduta e dalla sua continua caducità, come ha redento la socialità e la libertà umana?[25].

Il «centro» o il «limite» dell'orizzonte illimitato.

L'*apertura* di un orizzonte illimitato non basta per il passaggio da un universo dove la parola «Dio» non ha senso ad uno dove questa parola possiede un significato realistico. Nel discorso cristiano su Dio, ma anche in quello di molte altre religioni la parola «Dio» *non* si riferisce ad un orizzonte quanto mai illimitato, ma rimanda al di là di esso. Dio non è la libertà, l'ordine del mondo, la razionalità della storia, ma neanche, se non in senso molto analogo e pur sempre pericoloso, il senso della vita. Questo lo abbiamo già visto nel quinto capitolo sul funzionamento logico degli attributi di Dio. Il loro significato non è il limite di una serie infinita ma il Dio *trascendente* al di là di ogni serie infinita. La parola «Dio» viene usata per uno che è totalmente *distinto* da ogni altra cosa, anche da ogni totalità quanto mai illimitata.

Ciò nonostante parliamo di Dio e la parola «Dio» *fa parte* del linguaggio umano. Anzi, parliamo di Dio usando gli strumenti linguistici *normali*, al punto che il linguaggio religioso *non* è un linguaggio speciale e diverso dal linguaggio comune che usiamo altrimenti. Detto in altre parole: Dio come l'al di là del linguaggio e di ogni orizzonte illimitato della realtà fa parte e si trova anche all'*interno* di esso. Altrimenti di nuovo non potremmo parlare di Dio e Lui resterebbe completamente inconcepibile. In questo caso WITTGENSTEIN avrebbe ragione,

---

die Sprache ausgedrückt werden kann. Kurz, die Welt muss dann dadurch überhaupt eine andere werden. Sie muss sozusagen als Ganze abnehmen oder zunehmen».

[25] Cfr. C. HUBER, *o.c.*, pp. 17 e 23s.

dicendo: «*Come* il mondo è, è affatto indifferente per ciò ch'è più alto. Dio non si manifesta[26] *nel mondo*»[27]. Infatti nel linguaggio della logica atomistica del Tractatus non si può parlare di Dio[28]. Invece Dio, nella fede cristiana e nelle religioni monoteiste è concepito non soltanto al di là di tutto, ma anche distinto da ogni singola realtà di questo mondo.

Proprio questo si è già mostrato nella somiglianza della parola «Dio» con i nomi propri e l'appartenenza di questo termine «Dio» al gruppo di termini con riferimento unico[29]. D'altra parte «Dio» non è neanche un nome proprio come altri nomi propri e come altri termini di riferimento unico. Il termine «Dio» è, per così dire, un «pro-nome rimandante».

Perciò il posto di Dio all'interno dei diversi orizzonti illimitati *non* può essere un qualsiasi posto, accanto e simile al posto di altre realtà. Il Suo posto all'interno dell'orizzonte può essere soltanto il *centro*, che è un posto qualificato e dissimile a tutti gli altri.

Il centro di un cerchio infatti *non* è un punto, ma l'origine del cerchio o la sua totale concentrazione e le sue coordinate nel sistema cartesiano sono: $x = 0$; $y = 0$.

Figure geometriche e pittoriche

In altre parole, l'al di là della serie, di ogni serie, nel movimento analogico di infinitizzazione degli attributi di Dio di cui

---

[26] Tradurre «offenbart sich» con «si rivela» è fuorviante, perché qui non si tratta del concetto di «rivelazione» in senso teologico, cioè della «rivelazione soprannaturale». È meglio tradurre: «si manifesta».

[27] Tr. 6.432.

[28] Cfr. anche Tr. 6.4: «Tutte le proposizioni son d'egual valore» e 6.41: «Il senso del mondo dev'essere fuori di esso. Nel mondo tutto è come è, e tutto avviene come avviene; non v'è in esso alcun valore — né, se vi fosse, avrebbe un valore. Se un valore che ha valore v'è, deve essere fuori di ogni avvenire ed essere-così. Infatti ogni avvenire ed essere-così è accidentale. Ciò che li rende non-accidentali non può essere nel mondo, ché altrimenti sarebbe, a sua volta, accidentale. Dev'essere fuori del mondo». Ma, come abbiamo già visto nel secondo capitolo, Wittgenstein stesso usa un *altro* linguaggio «dilucidatorio» scrivendo il suo Tractatus.

[29] Cfr. sopra IV capitolo.

abbiamo parlato nel quinto capitolo, si manifesta come centro. Anche questo l'abbiamo già visto nel quarto capitolo: la parola «Dio» non è una qualsiasi parola del linguaggio religioso ma il suo centro semantico, che determina il senso specifico di tutto l'uso religioso del linguaggio.

Per capire meglio come il centro di un'orizzonte illimitato può e deve essere concepito al di là di questo stesso orizzonte, o detto a rovescio, come l'al di là dell'orizzonte si può manifestare come il suo centro, possiamo avvalerci di due analogie: una geometrica e una pittorica. NICOLAUS CUSANUS nel sostenere la «coincidenza degli opposti» in Dio, la illustra con la coincidenza fra l'«infinitum maximum» con l'«infinitum minimum», è porta l'analogia geometrica del cerchio, meglio ancora della sfera infinita[30] e del suo centro: in tal caso la circonferenza non è in nessun luogo e il centro è dappertutto[31]. Più o meno allo stesso tempo i pittori del Rinascimento, dopo aver riscoperto la prospettiva, la usano anche in forma raffinata e simbolica[32]. La prospettiva del quadro va oltre il quadro stesso all'infinito, ma parte dal suo centro prospettico che coincide con la figura nella quale si concentrava, per l'iconologia cristiana, non solo l'attenzione di quello che guarda il quadro, ma il senso infinito della vita: per esempio il volto del Cristo nell'Ultima Cena di Leonardo o l'ostia nella Disputa dell'Eucarestia di Raffaello. Il centro, che come limite appartiene e non appartiene al complesso figurativo, permette poi di mettere a fuoco ogni figura.

Al di là dell'orizzonte

Dopo tutta questa disquisizione teorica bisogna tornare al livello esistenziale e esperienziale. Se si vuole dare alla parola «Dio» un significato realistico in senso cristiano o più generalmente in senso monoteistico, l'orizzonte illimitato ha *biso-*

---

[30] Cfr. MAHNKE, D., *Unendliche Sphäre und Allmittelpunkt*; Halle 1937 (Faks. Nachdr. Frommann, Stuttgart-Bad Cannstatt 1966).

[31] NICOLAUS CUSANUS, *De docta ignorantia*, I, 4.11. Secondo il *De coniecturis* I, 6.4, però, Dio è ancora al di là della coincidenza degli opposti.

[32] Cfr. PANOWSKI, ERWIN, *La prospettiva come forma simbolica*; Feltrinelli, Milano 1961.

gno di un centro e l'al di là dell'orizzonte deve manifestarsi come il suo centro. Allora si può dire: tutta la mia vita ha un senso; la storia ha un fine; l'universo ha una causa; la libertà è una chiamata ecc.

È questa la ragione per cui il puro fatto che i suddetti orizzonti sono aperti e illimitati non è sufficiente. Esso garantisce che si può parlare, pensare, essere libero ecc. Ma a questo livello di coscienza la stessa apertura resta puramente *implicita*. Perché diventi esplicita occorre la *consapevolezza* di un centro. Reciprocamente per individuare un *centro* a un orizzonte illimitato è necessaria una *consapevolezza*, almeno iniziale, dell'apertura e dell'illimitatezza del rispettivo orizzonte o piuttosto la *scoperta* dell'orizzonte *come* aperto e illimitato[33]. Altrimenti non posso rendermene conto e dire: «La mia vita ha un senso!» ecc. Ma questi orizzonti illimitati *non* vengono scoperti come autofondanti; essi sono scoperti come semplicemente *dati*. Se questo dà loro una realtà per la coscienza, non dà loro una fondazione, non certamente nella coscienza stessa.

Solo un centro alla loro stessa illimitatezza, ma da fuori di essa, dà loro illimitatezza, dà loro un fondamento[34], che poi garantisce anche la loro apertura. Senza un tale centro trascendente gli orizzonti si chiudono[35].

Già, però, la scoperta dell'illimitatezza di questi orizzonti non è un atto puramente intellettuale, ed ancora meno lo è l'indicazione di un loro centro. Almeno in parte dipendono dalla *volontà* e sono delle scelte[36]. Ma si tratta nondimeno di

---

[33] Quale sarà il livello intellettuale e morale necessario per la consapevolezza almeno iniziale dei diversi orizzonti aperti e illimitati in un bambino, un giovane o anche in adulto lo dovremo considerare in seguito.

[34] L. WITTGENSTEIN esprime questa idea così: «Die Anschauung der Welt sub specie eterni ist ihre Anschauung als — begrenztes — Ganzes. Das Gefühl der Welt als begrenztes Ganzes ist das mystische». Tr 6.45.

[35] Questo ho tentato mostrare per il linguaggio e la libertà in: HUBER, C., *Zeichen Gottes – Zeichen der Freiheit*; in: WILHELM SANDFUCHS, *Die Kirche*; Echter 1978, pp. 11-24.

[36] Questo sarebbe da elaborare più in dettaglio in una fenomenologia della volontà, che però non entra direttamente nel campo delle nostre riflessioni sul discorso cristiano su Dio.

scelte ragionevoli e spesso ragionate. Per questo motivo è possibilissimo che questo processo avvenga *studiando*, specialmente studiando filosofia; anche se poi si può parlare di una «conversione intellettuale». Ma in ogni caso si tratta di un processo che possiede sia elementi di *esperienza* sia elementi di *ragionamento*. Anche qui vale il famoso detto di KANT: «Il concetto senza esperienza è vuoto. L'esperienza senza concetto è cieca» [37].

Le argomentazioni che tradizionalmente vengono chiamate *«prove per l'esistenza di Dio»* sono lo *scheletro logico* del processo intellettuale, ma vissuto, appena descritto. Ma senza esperienza di una reale apertura di un orizzonte illimitato e la identificazione di un suo centro, esse sono *ossa senza carne*. Per questo bisogna dire che queste «prove» sono logicamente, speculativamente e filosoficamente *valide*, ma da *sole* generalmente *non convincono*.

L'identificazione con «Dio».

Per la piena giustificazione razionale del parlare di Dio in senso realistico *manca* ancora un passo essenziale. TOMMASO D'AQUINO *non* conclude le sue «quinque viae» dicendo: «Ergo Deus existit» ma «et hoc omnes *dicunt* Deum»! [38] Questo ultimo passo non è più un passo argomentativo, ma un passo di *identificazione semantica*. Questo passaggio *oggi* è certamente molto più problematico che non al tempo di San Tommaso. Oggi molti non sarebbero disposti a chiamare il «senso della vita» ecc. «Dio». Proprio per questo è necessaria un'approfon-

---

[37] I. KANT, KRV A 51. Kant dice letteralmente: «Gedanken ohne Ihnalt sind leer, *Aschauungen* ohne Begriffe sind blind».

[38] TOMMASO D'AQUINO, *Summa Theologica*, I, q. 2 a. 3. Le espressioni cambiano ma hanno tutte lo stesso significato: «... primum movens, quod a nullo movetur: *et hoc omnes intelligunt Deum*»; «... causam efficientem primam: *quam omnes Deum nominant*»; «... quod sit per se necessarium ... *quod omnes dicunt Deum*»; «... quod omnibus entibus est causa esse, et bonitatis et cuiuslibet perfectionis: *et hoc dicimus Deum*»; «... intelligens a quo omnes res naturales ordinantur ad finem: *et hoc dicimus Deum*».

dita *informazione* sul vero significato della parola «Dio» nel linguaggio cristiano.

Bisogna tornare a quello che nel IV capitolo abbiamo detto sul ruolo e la funzione **centrale** della parola «*Dio*» per il linguaggio religioso[39]: il termine «Dio» determina, in maniera diretta o indiretta *tutto* l'universo semantico del linguaggio religioso e in modo speciale quello cristiano.

L'universo semantico del linguaggio religioso, a differenza della scoperta dell'apertura di un orizzonte illimitato e del suo centro, non è un processo di coscienza ma una struttura linguistica, semantica, socio-culturale e storica che *precede* il processo di coscienza. Si conosce e si impara sia l'universo semantico del linguaggio religioso, specialmente quello del linguaggio cristiano, sia la sua struttura centrata sul termine «Dio» e determinata da esso in un processo di socializzazione e di tradizione.

Questa identificazione, se è fatta in prima persona[40], cioè se suona «e questo *io* lo chiamo ›Dio‹» è certamente un «assenso reale» nel senso di NEWMAN[41]. La certezza di questo assenso identificativo risiede non nelle premesse di un'argomentazione che possono portare soltanto ad un «assenso nozionale», ma nell'«apprensione reale» di un orizzonte illimitato[42], che per Newman è quello dell'obbligazione morale che si manifesta nella coscienza[43].

Se questa identificazione è fatta da un cristiano credente o da uno in un preciso cammino verso la fede, allora essa è qual-

---

[39] Vedi sopra IV cap.

[40] Se fatta non in prima persona, potrebbe suonare: «e questo i cristiani e certi altri chiamano ›Dio‹ (ma io non lo chiamo così perché sono ateo)». In tal caso è una pura constatazione semantica.

[41] J. H. NEWMAN, *An Essay in Aid of a Grammar of Assent*, I. pt. 4 cap.

[42] Cfr. anche NEWMAN, *o.c.*, cap. III: «The apprehension of propositions» e l'applicazione al campo della religione in cap. V: «Apprehension and Assent in the matter of Religion: 1. Belief in one God».

[43] NEWMAN, *ibid.* «...from the perceptive power wich identifies the intimations of conscience with the reverberations or echoes (so to say) of an external admonition, we proceed on to the notion of a Supreme Ruler and Judge...».

cosa di molto vicino all'*atto di fede*[44]. Se poi questa identificazione è fatta con «Dio come Padre di Cristo» e con la consequenziale sostituibilità parziale della parola «Dio» con il nome proprio «Gesù» come centro della significatività del linguaggio religioso[45], allora si tratta della fede cristiana esplicita.

Il livello di coscienza richiesto per l'apertura di un orizzonte illimitato e per l'identificazione del suo centro con «Dio».

Questo problema è importante non soltanto filosoficamente, ma anche teologicamente e ancora di più per l'educazione alla fede e la catechesi.

Senza un'apertura di un orizzonte illimitato e la identificazione del suo centro con Dio Padre di Cristo, l'atto di fede non è possibile. Senza l'apertura consapevole di un orizzonte illimitato non è possibile neanche concepire Dio. Non sarebbe Dio ma un idolo. Bisogna allora chiedersi, come abbiamo già accennato, quale livello di maturità intellettuale, emotiva e morale, umana, sia la necessaria condizione per un vero atto di fede.

È chiaro che qui non si tratta delle condizioni *teologiche* della possibilità dell'atto di fede, delle quali si tratta tradizionalmente nell'*analisi della fede* nel contesto della teologia, ma delle condizioni umane psicologiche di questo atto.

Evidentemente la globalizzazione dell'esperienza e con ciò l'apertura consapevole di un orizzonte illimitato è diversa per un bambino e per un adulto.

Bisogna però partire dal fatto che la fede è *anche* una realtà *comunitaria e sociale*. Lo è non soltanto dal punto di vista psicologico, ma anche da quello teologico: la fede in

---

[44] Non è già l'atto di fede stesso, ma un suo ultimo presupposto, che però si può fare in termini teologici solo con l'aiuto della grazia di Dio e, probabilmente, fatto già nella luce della fede stessa. Essa è, per così dire, l'ultimo presupposto logico che è compreso nella fede stessa o che la fede pre-suppone a se stessa.

[45] Cfr. sopra IV cap.

Dio e in Cristo è sempre anche la fede della Chiesa; non solo per quello che si crede, ma anche per l'atto per mezzo del quale uno crede.

Per questo anche il cammino verso la fede, l'educazione alla fede e perfino la ragionevolezza dell'affermazione della esistenza di Dio sono sempre *anche* processi *socializzanti*.

Il bambino e la bambina.

Quando si battezza un bambino, esso è battezzato sulla fede della chiesa, e specialmente su quella dei genitori e dei padrini. Essi recitano la professione di fede e il Padre Nostro. Per questo si insiste giustamente che i genitori prima del battesimo di un loro bambino partecipino ad una loro catechesi specifica. In una famiglia e in un ambiente credente il bambino impara poi progressivamente a usare *anche* la parola «Dio» all'interno del linguaggio che apprende in un processo di socializzazione linguistica.

Elementi di socializzazione linguistica e in genere di comportamento sociale comunitario sono presenti e necessari in *ogni conversione*. Credere in Dio *non* è mai un'atto esclusivamente personale, come già non lo è il conoscere e il sapere.

Il problema resta però riguardo a quale livello di sviluppo intellettuale un bambino debba aver raggiunto per l'apertura e per la centralizzazione dell'orizzonte illimitato della vita, del mondo ecc. Un bambino neonato certamente non possiede una tale capacità e perciò non può fare un atto di fede personale. Ma lo può fare un bambino di cinque, sei, sette ecc. anni? Sembra di sì! Altrimenti non potrebbe essere ammesso all'eucaristia.

Anche un bambino vive consapevolmente la sua vita e la vive in un mondo. Il mondo del bambino certamente è un mondo «*piccolo*», ma pur sempre un mondo completo, intero e *totale*. Anzi, il bambino vive consapevolmente questo suo mondo come *continuamente crescente* in modo concentrico. Detto in parole semplici: il bambino cresce, vuole crescere e cresce consapevolmente. Questo implica che anche l'orizzonte della vita e del mondo del bambino è *illimitato*. Questa illimitatezza però il bambino *non* la sperimenta in momenti specifici di un'apertura dell'orizzonte, se non in casi eccezionali[46]. La vive però non solo partecipando e in confronto con gli adulti, ma in prima persona nella sua *curiosità*, che è continua ed immensa, e nella sua voglia di crescere. Si tratta qui di una esperienza di limiti e di un continuo superamento di essi.

Questo orizzonte piccolo ma illimitato del bambino ha un suo centro preciso: il centro del suo mondo è il bambino *stesso*. I bambini sono estremamente *ego-centrici*, intendendo questa parola però *non* in senso morale. Per centrare l'orizzonte della sua vita in Dio il bambino ha bisogno di aiuto e di stimoli da parte degli adulti, non solo però sul piano linguistico socializzante, parlando al bambino di Dio e di Gesù, insegnandogli a pregare ecc. Anche il bambino è capace di *esperienza* personale e ne ha bisogno. Le esperienze possibili per la scoperta della centralità di Dio nella sua vita sono quelle collegate alla *sua propria* centralità, al suo *ego-centrismo*. Esperienze privilegiate sono quelle della *meraviglia*, della *gratuità* e della *gratitudine*.

In tutto questo la grande *fantasia* del bambino non costituisce un pericolo, ma è di aiuto. Il bambino vede cose che non si vedono, gioca sempre, ma conosce bene la differenza fra gioco e realtà, fra favola e verità. Il bambino è un «*animale realistico*», quasi triviale[47].

Il ragazzo e la ragazza.

La situazione intellettuale del ragazzo è diversa da quella del bambino. Il ragazzo *non* vive un mondo unitario e completo come il bambino e anche lui stesso, la sua personalità e la sua vita non sono per lui delle realtà unitarie. La sua vita e il

---

[46] Ci sono casi di esperienza mistica infantile. Cfr. il libro delizioso: FINN, *Hallo Mr. God, here is Anna*. Trad. ital.: Pronto Dio, sono Anna. Soc. ed. internaz. Torino.

[47] Se mai, proprio per il bambino è vera la definizione dell'uomo di ZUBIRI: «animal realitatis».

suo mondo sono *pluridirezionali*. In un certo senso non possiede un unico orizzonte ma diversi orizzonti *parziali* che fra di loro non sono connessi da una coerenza *interna*: sta in famiglia, va a scuola, gioca a calcio, fa parte di un gruppo di ragazzi ecc. ecc. Fa tante cose ed ha un'agenda piena. Ma poi facendo una cosa si dimentica delle altre. Ma in alcune di queste direzioni, di queste attività — non in tutte e certamente non contemporaneamente — progredisce di continuo e fa sempre nuove scoperte, acquisisce nuove capacità, se e finché gli piace però! Ciascuno dei suoi orizzonti è illimitato, ma nessuno è totale. In un certo senso è un «*animale technico*». Argomenti come «Per la *vita* è necessario anche essere bravo in matematica» per un ragazzo non hanno senso. Se non lo scopre *lui*, non lo fa, se non per forza e obbedienza. Ma nelle attività cui ha preso gusto può essere estremamente tenace e ostinato, fino alla morte.

Nessuno di questi orizzonti parziali può essere centrato su Dio. D'altra parte anche la fede per un ragazzo ha un aspetto tecnico e di competenza *parziale*. Ma anche nella fede può mettere un forte impegno e progredire. Esperienze di apertura di orizzonte illimitato e totale sono possibili ma molto rare e se ci sono, sono piuttosto passeggere.

Il discorso di fede per un ragazzo sarà perciò un discorso prevalentemente *socializzante*: di provenienza familiare, di ambiente culturale, ma specialmente di *appartenenza* ad un gruppo di coetanei. Questi orizzonti sostituiscono in un certo modo l'orizzonte totale della vita, del mondo ecc. In tale contesto la centralità di Dio può e deve realizzarsi nella *fedeltà* a Dio come fedeltà al gruppo, agli amici ecc. Questo può però funzionare solo se l'identificazione con il gruppo è da una parte forte, ma dall'altra parte personale, cioè non di gruppo-dipendenza. Una tale identificazione generalmente ha come controparte la *distinzione*, fino all'opposizione ad altri: «Noi siamo *noi*».

L'età di passaggio.

Per l'adolescente la situazione si presenta difficile perché è proprio una situazione di *passaggio*. Generalmente l'adolescente perde l'interesse nelle sue attività diversificate: «Non suona più la chitarra». Proprio in quanto orizzonti particolari non lo soddisfano. Ma il primo momento del possibile ed ormai necessario passaggio agli orizzonti *totalizzanti* della vita, del futuro ecc. è quello della *crisi* degli orizzonti particolari. Non capisce più né il mondo, né gli altri, né se stesso. Ma in quanto questa crisi è essa stessa totale, costituisce un orizzonte illimitato universale e totale, anche se nel senso negativo di un vuoto. L'adolescente vive una ricerca di senso che ancora non trova, e la vive generalmente senza la capacità di articolarla[48].

Bisogna fare scoprire all'adolescente questa sua crisi totalizzante come l'apertura di un'orizzonte illimitato e universale, aiutandolo ad articolarlo, quasi facendosi voce di lui. In questo contesto si trova anche la possibilità di centrare l'orizzonte universale ma vuoto in Dio e di ricuperare il discorso di fede.

La fede matura.

Per una fede matura l'apertura di *un solo* orizzonte illimitato *non* è sufficiente, ma sono necessari orizzonti *vari e connessi*, cioè tutti centrati sull'*unico* Dio e con ciò collegati anche fra di loro: la vita, il futuro, la comunicazione, la storia, il mondo ecc. Sicuramente non ci vogliono tutti gli orizzonti possibili, anche perché sono infiniti. Bisogna trovare quelli giusti, sia per sé stesso sia per gli altri — nel momento giusto.

Il livello di **conoscenza** *del linguaggio religioso cristiano richiesto per l'identificazione del centro dell'orizzonte illimitato con «Dio».*

Anche sull'altro versante di questa identificazione, cioè per la conoscenza dell'universo semantico del linguaggio religioso cristiano che ha come centro della sua significatività il termine «Dio», si mostra una grande *diversità* e si impone una *gradualità*, specialmente per la crescita da una fede infantile ad una fede adulta.

---

[48] A livello linguistico si riscontra spesso una rottura di codici linguistici, di incomunicabilità, fino al mutismo e fino ad una certa afasia.

Senza *nessuna* conoscenza del linguaggio religioso cristiano, del quale «Dio» è il centro, il termine «Dio» stesso non ha un significato religioso cristiano. Questa conoscenza può essere *minima* ed è e *resta* una competenza linguistica in senso lato, cioè *socializzata*, acquisita per mezzo di un processo di *apprendimento*. Ma pure una tale competenza minima deve contenere *vari* aspetti: essa deve comprendere elementi fattuali, cioè contenuti *biblici*, specialmente del Nuovo Testamento[49], centrati sul nome proprio «Gesù». Inoltre essa deve comprendere elementi morali, rituali liturgici, di preghiera ecc. Il termine «competenza linguistica» qui, come pure in tanti altri contesti, va inteso in senso ampio, cioè indicando un *comportamento* significativo umano globale.

La *gradualità* di questa conoscenza deve seguire i parametri generali dello sviluppo intellettuale umano dal bambino all'adulto[50], prestando però speciale attenzione alla singola persona e alle sue condizioni personali e culturali[51].

Conclusione.

In questo ultimo capitolo non si è voluto dare una dimostrazione dell'esistenza di Dio, ma una *giustificazione* razionale di un «assenso reale» nel senso di NEWMAN[52] alla reale esistenza di colui che i cristiani «chiamano» ›Dio‹, una giustificazione anche intellettualmente sufficiente di quello che San Paolo chiama «elpizomenon hypostasis, pragmaton elenchos ou blepomenon»[53].

---

[49] Una conoscenza di contenuti biblici non esige necessariamente una conoscenza *testuale!*

[50] Cfr. AGESCI, *Progetto unitario di catechesi*, Milano, ed. Ancora 1983; pp. 168-181, 190-196, 216-219.

[51] Cfr. AGESCI, *o.c.*, IV cap. II: La dimensione socioculturale della catechesi; pp. 102-110.

[52] Cfr. sopra nota 41.

[53] Ebr. 11,1.

CONCLUSIONE

Abbiamo fatto un lungo percorso all'interno dell'universo semantico del linguaggio religioso cristiano, sia attraverso i contenuti di esso sia al livello dei metodi applicati ad esso. Abbiamo visto che si tratta di un universo complesso ma coerente. La struttura di questo universo garantisce la significatività intelligibile e la razionalità di esso. La stessa sua struttura centrata in Dio permette anche un'accettazione realistica dei suoi significati.

In un'epoca come la nostra fortemente determinata da un fideismo emotivo da una parte e da uno scientismo ugualmente emotivo dall'altra, l'umile ma tenace analisi logica della fede non è soltanto d'importanza cruciale per la teologia ma anche per l'impegno difficile dell'evangelizzazione e della catechesi. Lo strumentario dell'analisi logico-linguistica e della fenomenologia si è mostrato proficuo ed utile per una tale impresa.

L'importanza filosofica della nostra analisi del discorso cristiano su Dio consiste nel fatto che proprio l'applicazione della filosofia e dei suoi metodi al discorso su Dio impedisce ad essa ogni chiusura riduzionista e la obbliga ad arrivare fino ai propri limiti e a *pensarli*.

D'altra parte il discorso su Dio — e soltanto questo discorso — garantisce al linguaggio, e di conseguenza alla filosofia, la sua apertura: solo se si parla di Dio, se c'è un posto per «Dio» nel linguaggio, il linguaggio è aperto e sensato; solo se in filosofia si pone il problema di Dio, la filosofia evita di chiudersi in una ideologia.

Il linguaggio è il mezzo di informazione e di comunicazione per eccellenza. In entrambi si dice qualcosa di *nuovo*. Il progresso e la creatività umana stessi contengono novità. Il nuovo, però, può essere espresso nel linguaggio solo se questo è aperto in tutte le direzioni possibili, cioè: infinitamente aperto.

Non è sufficiente un'apertura per un progresso unilaterale in certe direzioni e secondo certi criteri prestabiliti. Il linguaggio può godere di quest'apertura infinita soltanto se si può parlare e si parla anche di Dio.

Ciò si può dimostrare pure in modo *negativo*: un'esclusione di ogni discorso su Dio dal linguaggio dovrebbe essere fatta secondo determinati criteri *generali* che valgano per *tutto* il parlare. Si cercava di stabilire tali criteri nel positivismo logico[1] e nella suola di Erlangen[2]. Analoga cosa si può affermare del marxismo e di altri forme di ateismo teoretico contemporaneo. Questi criteri, però, vieterebbero anche tutte le espressioni linguistiche, senza le quali il linguaggio umano non può funzionare per niente. Lo stesso vale per ogni regola logica, secondo la quale l'uso religioso del linguaggio sarebbe privo di significato. Una tale regola riguarderebbe sia tutte le ideologie e utopie, che la filosofia, specialmente la metafisica, l'estetica, la morale, la poesia e buona parte della matematica.

Questo ha come conseguenza che il linguaggio non può essere *regolamentato!* Ogni simile regolamentazione ci priverebbe della molteplicità del nostro parlare. Attraverso un regolamento del linguaggio non si può escludere anticipatamente e a priori ogni *nonsenso*: che possiamo dire anche qualcosa che non ha senso, è il prezzo per il fatto che il linguaggio è aperto. Detto in modo paradossale: si può anche mentire, esprimere un errore e dire qualcosa che non ha senso. Si può addirittura negare Dio: «Dixit insipiens; non est Deus!»[3]. Ma questo è possibile perché il linguaggio è tanto aperto che offre un posto *anche* per Dio. La possibilità di parlare di Dio è la garanzia per la libertà logica di parola — anche per quella dell'ateo!

---

[1] Cfr. HUBER, C., *Der Ausschluss der Theologie aus den Wissenschaften durch Sprachregelungen in der Erlanger Schule*; in: *Wissenschaftsbegriff und Glaube der Kirche,* Dialogsekretariat 1978 (Ms.).

[2] Non tutti i filosofi che si riconoscono nella scuola di Erlangen, che per il suo costruzionismo logico e linguistico merita tanta considerazione, arrivano alla conseguenza di un M. GATZEMEIER, *Theologie als Wissenschaft*; Stuttgart-Bad Cannstatt 1974 e 1975.

[3] Sm 13,1 e 52,1. Cfr. ANSELMO, *Proslogion* II.

Soltanto se poi si parla *realmente* di Dipo il linguaggio resta aperto: là dove non si parla più di Dio, si decade alla banale chiacchiera della quotidianità che non è comunicativa, e agli slogans di ideologie e propaganda che non sono informativi. Tenere aperto il linguaggio di fronte a questo si mostra così come *compito impegnativo*. Questo non vuole dire che dovremmo parlare sempre di più e in tutti i contesti di Dio — ciò sarebbe un *integralismo linguistico*. Ma bisogna, *accanto* ad altro, parlare *anche* di Dio. Il linguaggio deve essere usato *anche* in modo religioso. Soltanto così viene *espressa* l'apertura del linguaggio stesso.

BIBLIOGRAFIA

Questa bibliografia ha l'unico scopo di dare degli stimoli per degli approfondimenti ulteriori, anche in campi collegati alla tematica di questo libro, ma soltanto brevemente toccati. Per questa ragione non è indicato nessun testo dei grandi filosofi dei quali si è fatto menzione nel testo, ad eccezione di Newman e di Wittgenstein per l'indicazione delle traduzioni italiane usate.

AGESCI, *Progetto unitario di catechesi*; Ancora, Milano, 1984 (3ª ed.).

ANTISERI, D., *Filosofia analitica e semantica del linguaggio religioso*; *Queriniana*, Brescia 1991 (4ª ed.).

BABOLIN, S., *Icona e conoscenza*; Ed. Libreria Gregoriana, Padova 1990.

BENVENISTE, E., *Problemi di linguistica generale*; *Saggiatore*, Milano, 1971.

———, *Il vocabolario delle Istituzioni Indoeuropei*; Einaudi, Torino 1981.

BOCHENSKI, J. M., *La logica della religione*; Ubaldini ed. Roma 1965.

BROWN, STUART C., *Do Religious Claims make Sense?* SCM Ldn. 1969.

DE LUBAC, HENRI, *Cattolicismo*; Jaca Book, Milano, 1979.

DE PATER, W. A., *Theologische Sprachlogik*; Koesel Vlg. München 1971.

ECO, U., *Trattato di semiotica generale*; Bompiani, Milano 1988 (11ª ed.).

FERRÉ, F., *Linguaggio, logica e Dio*; *Queriniana*, Brescia 1972.

GRILLO, A., *Ludwig Wittgenstein e l'apertura al mistico*; Studia Patavina 37 (1911) 111-143.

HIGH, D. M., *Language, Persons and Belief.*

———, *New Essays on Religious Language*, Oxford Univ. Press, 1969.

HUBER, CARLO, *We Can Still Speak about God*; in *Gregorianum* 49 (1968) 4 pp. 667-693.

————, *We Can Still Speak about God*; in *Gregorianum* 49 (1968) 4 pp. 667-693.

————, *Der Ausschluss der Theologie aus den Wissenschaften durch Sprachregelungen in der Erlanger Schule*; in: *Wissenschaftsbegriff und Glaube der Kirche, Dialogsekretariat 1978 (Ms.)*.

————, *Zeichen Gottes – Zeichen der Freiheit*; in: *Wilhelm Sandfuchs; Die Kirche; Echter*, Würzburg 1978, pp. 11-24.

————, *La dimensione linguistica della catechesi: «Dalla Parola all'esperienza e dall'esperienza alla Parola»*; in: AGESCI, *Progetto unitario di catechesi*; Milano, Ancora 1983.

————, *Critica del sapere*; PUG, Roma, 1989 (dispense).

————, *Considerazioni semantiche e logiche sul cosidetto argomento ontologico di Anselmo d'Aosta nel Proslogion*; in: *Studia Anselmiana* 101, Roma 1990, pp. 11-23.

————, *La razionalità della fede in Dio*; in: *Communio* 121 (192), pp. 61-74.

————, *Problemi linguistici e la loro implicanza nella catechesi*; in: *Via, Verità e Vita*; Rivista di pastorale catechistica, 67, pp. 22-33.

GIACHI, QU., *Gesù si, Chiesa no?*; in: *Cristiano oggi*; ed. Paoline, Roma 1977, pp. 119-153.

JEFFNER, A., *The Study of Religious Language*; SCM Ldn. 1972.

MACQUARRIE, J., *Ha senso parlare di Dio?*; Torino, Borla, 1969.

MATTEO-BLANCO, I., *L'inconscio come Insiemi infiniti*; Einaudi, Torino 1985.

MONDIN, B., *Il problema del linguaggio teologico dalle origini ad oggi*; Queriniana, Brescia 1975 (2ª ed.).

NEWMAN, J. H., *Grammatica dell'assenso*; Jaca Book – Morcelliana, Milano-Brescia 1980 (2ª ed.).

NORTHORP, F., *Il grande codice*; Einaudi, Torino 1985.

RAMSEY, I. T., *Religious Language; An Empirical Placing of Theological Phrases*; SCM, Ldn. 1957.

————, *Christian Discourse, Some Logical Explorations*; Oxford Univ. Pr. 1965.

————, *Parlare di Dio*; Milano, Longanesi, 1970.

RICOEUR, P. - JUENGEL, E., *Dire Dio. Per un'ermeneutica del linguaggio religioso*; Queriniana, Brescia 1985 (2ª ed.).

TODOROV, TZ., *Teorie del Simbolo*; Garzanti, Milano 1984.

VALORI, P., *Il metodo fenomenologico e la fondazione della filosofia*; Desclée, Roma 1959.

VAN BUREN, P. M., *Alle frontiere del linguaggio (Metodologia delle scienze e filosofia del linguaggio)*; Roma, Armando 1977.

WITTGENSTEIN, L., *Tractatus logico-philosophicus*; Einaudi, Torino 19**.

————, *Ricerche filosofiche*; Einaudi, Torino 1967.

ZELLINI, P., *Breve storia dell'Infinito*; Adelfi, Milano ***.

ZIRKER, H., *La religione: un termine privo di senso semantico*. Posizioni della filosofia analitica; in: *Critica della religione*; Queriniana, Brescia 1989, pp. 219-252.

ZUBIRI, X., *El Hombre y Dios*; Alianza Editorial, Madrid 1984.

INDICE

Finito di stampare il 26 marzo 1993
Tipografia Poliglotta della Pontificia Università Gregoriana
Piazza della Pilotta, 4 – 00187 Roma